Toward the New Politics of Education

教育政治学を拓く

18歳選挙権の時代を見すえて

小玉重夫
Shigeo KODAMA

勁草書房

はじめに――一八歳選挙権の成立をうけて

選挙権年齢を「一八歳以上」に引き下げる改正公職選挙法が、二〇一五年六月に成立し、二〇一六年夏の選挙から一八歳以上による投票が実現した。一八歳選挙権の実現は戦後史におけるきわめて大きな転換であり、戦後の教育においてタブー視されてきた政治と教育の関係を問い直す大きな契機となる可能性がある。本書は、以上のような今日的局面を、教育の再政治化という歴史的な文脈のなかでとらえ、そのことの思想的意味を深く探究することを目的として書かれた。

本書は全体を三部構成としている。第Ⅰ部では、教育の世界で政治がタブー視されてきた教育の脱政治化の過程を戦後史の文脈の中でふり返り、それが今日再政治化しつつあることを明らかにする。第Ⅱ部では教育の再政治化に向き合うための理論枠組みを、教育政治学の創成という観点から掘り下げる。第Ⅲ部では、以上の歴史的、理論的な検討をふまえつつ、学校教育が政治を扱うことの可能性と条件を明らかにしていく。

これまでともすれば、学校は社会や政治から独立した中立的な聖域とみなされる傾向があった。

従来の教育学もそのようなとらえ方を支えてきたのではないかと考えられる。しかし現在、そのようなとらえ方は有効性を失いつつあり、教育や学校を政治と不可分なものとしてとらえることが、理論的にも実践的にも求められている。そのことは「教育政治学」という新しい分野の開拓を要請する。本書はこの課題に正面から取り組もうとするものである。

タブー視されてきた教育と政治の関係を再考し、教育学の理論枠組みを刷新すること、そしてそのために教育学と政治学を架橋する教育政治学を構想することは、特に冷戦が終結した一九九〇年代以降の理論的な課題であり続けてきたが、一八歳選挙権の成立をうけて、いよいよその機が熟しつつあるとの認識を強めている。そうした状況をふまえて、本書の内容は、このテーマに関して筆者が一九九〇年代末以降取り組み、その時々に発表した論文（巻末の初出一覧参照）をもとにしているが、今回一冊の本にするにあたって大幅に改稿した。また、本書の研究は、二〇一四年度から荻原克男（北海学園大学）、村上祐介（東京大学）両氏と行ってきた共同研究「教育政治学の創成」の一環をなすものでもある。両氏に心よりの謝意を表したい。最後に、本書をまとめるにあたって尽力して下さった勁草書房の藤尾やしお氏、そして、妻と、今年はじめての選挙権を行使した娘たちに感謝したい。

二〇一六年七月一八日

小玉　重夫

教育政治学を拓く——18歳選挙権の時代を見すえて／目　次

Ⅲ　実践：政治的シティズンシップの方へ

I

歴史：教育の再政治化

「はじめに」でも述べたように、選挙権年齢を「二〇歳以上」から「一八歳以上」に引き下げる改正公職選挙法が、二〇一五年六月一七日に成立した。これを受けて、文部科学省と総務省は同年秋に、高校生向け副教材『私たちが拓く日本の未来』を作成し、全国の高校生に配付をした。また、文部科学省ではこれと並行して、学習指導要領の改訂へ向けて、中央教育審議会で、政治参加意識を高めるための高等学校での新科目導入へむけての検討を進めている。そして、二〇一六年夏の選挙から一八歳以上による投票がついに実現した。

一八歳選挙権の実現は日本の政治史上きわめて大きな制度変更である。また戦後の教育においても、これまでタブー視されてきた政治と教育の関係を問い直す大きな契機となる可能性がある。第Ⅰ部では、以上のような現代の局面を、教育の再政治化という歴史的な文脈のなかでとらえ、そのことの教育学的な意味を、戦後における公共性と政治的意味空間の再構築という視点から考えていきたい。

以下ではまず、一九五〇年代における教育の脱政治化の一端を、教育実践をとらえる思想言説の変化に着目して検討する（第一章）。そして、脱政治化された戦後教育史のただなかで再政治化への模索がどのようになされていたのかを、教師の権力性の組みかえに即して検討する（第二章）。そのうえで、この脱政治化を、政治的意味空間の解体という視点からとらえつつ、一九九〇年代以降を教育が再政治化し公共性が復権する可能性が胎動した時代としてとらえ、その延長線上に、一八歳選挙権の成立を位置づける（第三章）。

第一章　戦後教育の脱政治化

1　子ども・青年を理解する方法の問い直し

教育学の世界では、いかにして子どもや青年を理解するかをめぐって、実におびただしい量の言説が発せられてきた。だが、それらのほとんどは、子どもや青年それ自体を直接とらえようとするものであり、子どもや青年がいかに理解され、語られてきたかを、その時々の政治や社会との関係のなかで問う研究は必ずしも多くない。子どもや青年の理解のされ方や語られ方、言い方を変えれば、子ども・青年把握の方法が歴史的な変化をふまえて十分に吟味されていない。だから、それらの言説が、いかに、いまの子どもや青年について、斬新な解読を示して見せたとしても、これまでわれわれの認識を規定してきた子どもや青年についての理解のしかた、語り方それ自体は、十分な吟味を受けることなく、無傷のまま温存されてきたのではないだろうか。

たとえば、子どもによる暴力事件にせよ、あるいはいじめの問題にせよ、何か衝撃的な事件が起こるたびに、子どもや青年の内面を理解しなければならないという強迫観念がいたずらに増幅し、「こころの教育」や「規範意識の教育」などのスローガンが叫ばれてきた。そこにみられるのは、従来的な子ども・青年把握の方法を問い直すことなく、むしろ子ども・青年理解の必要性を叫ぶことによって、従来的な認識枠組みをいっそう強化しようとする姿勢である。子ども・青年の未成熟を理由に一八歳選挙権や成年年齢の引き下げに否定的な議論を行う論調も、従来的な子ども・青年観の枠組みを前提として成熟・未成熟の二分法に立っているという点で、このような従来的な認識枠組みの延長線上にある議論であるといわざるを得ない。

だがはたして、いまもとめられているのは、子どもや青年をよりいっそう理解することなのだろうか。むしろ、いまほんとうに必要なことは、これまで大人が子どもや青年を理解してきた認識枠組みそのものを問い直すことなのではないだろうか。

私たちがこれまでともすれば自明のものとして受け入れてきた子どもや青年をとらえる認識枠組みは、実は、大人と子どもの二分法を前提とした近代に特有の歴史的な構築物である。そして、そうした認識枠組みの形成に多大な寄与を果たしてきたものこそ、近代の教育学にほかならない。だとすれば、近代的なシステムがあらゆる分野で再編の局面を迎えている今日、批判的に問われなければならないのは、この教育学的子ども・青年把握の方法そのものであると思われる。この点と関わって、教育史家の宮澤康人は、かつて次のように述べた。

「子供研究や学校研究は、従来の教育学が果してきた、いわば目かくし的な効果から解放される必要がある。そのためには、教育学批判を原理的に遂行することが欠かせないだろう。これはたぶん、近代の教育学をその成立史にそって脱構築することを意味する。その脱構築は、大人と子供の諸関係全体の、近代に独特なあり方の成立と、その変容を歴史的に記述することをぬきにしてはすすめられないであろう。[1]」（宮澤 1998:37）

ここで宮澤が提起している「教育学批判を原理的に遂行する」課題は、これまで自明視されてきた子ども・青年把握を相対化し、批判的に問い直そうという問題意識によるものである。本章で教育学的子ども・青年把握の問い直しを試みるのも、それが、多少なりとも、ここで提起されている「教育学批判」の一環としての意味をもちうると考えるからである。以下では特に、戦後の教育学を素材としつつ、そこでの子ども・青年把握が教育の脱政治化を促していった点を明らかにする。それによって、教育学的子ども・青年把握の特徴を教育の脱政治化という点から確認するとともに、それが今日いかなる変容をこうむりつつあるかを検討したい。そうした作業を通じ、教育学的子ども・青年把握の「目かくし的な効果」から少しでも自由になること、これが、本章の課題である。

2　政治的子ども・青年把握から教育学的子ども・青年把握へ

（1）政治的子ども・青年把握

戦後の日本における教育学的子ども・青年把握の確立は、一九五〇年代後半の政治的子ども・青年把握の解体と共にもたらされた。したがって、教育学的子ども・青年把握の特徴は、政治的子ども・青年把握と対比させることによって、理解することができる。政治的子ども・青年把握の解体から、教育学的子ども・青年把握の成立へ。それは、今日までわれわれを支配してきた（そして、いままさに動揺しつつある）子ども・青年把握確立のもととなる、大きな転換点であった。

日本における政治的子ども・青年把握の典型例としてしばしば取り上げられるのは、一九五四年の京都の旭丘中学校事件である。たとえば森田伸子は、一九四〇年代後半から一九五〇年代半ばまでの子ども把握の特徴を、「政治的主体としての子ども」という表現で分析している。森田によれば、この「政治的主体としての子どもの姿」には、「子どもを現実の政治的時局に直接にさらしてはいけない、という今の私たちにおなじみの感覚は欠如している」という。ここで森田が「政治的主体としての子どもの姿」の典型例として挙げたものの一つが、一九五四年の旭丘中学校の生徒たちであった。(2)

旭丘中学校では、一九四九年の生徒会発足以来、図書館の運営や運動会の実施を生徒会の自主管理のもとで行うなど、生徒会活動が活発に展開されていた。そうした生徒の自治的活動はやがて、学校外の社会的、政治的な問題にも及ぶようになる。たとえば、一九五二年に、六名の生徒が警官からいいがかりをつけられた旨を生徒会の新聞に投書したことがきっかけとなって、生徒会がこの問題を学校側に訴え、結果的に警察署長が来校して陳謝するという事件があった。また、一九五三年には、生徒の一部がメーデーや市民団体主催の平和運動に参加している。そうしたなかで、一九五四年に教師の生徒会指導のあり方を「偏向教育」であると批判する父母および市教育委員会と、教師の指導を支持する父母や生徒会、教職員組合との間の対立が激化し、両派が九日間に及ぶ分裂授業に至ったのが、旭丘中学校事件である(3)。

生徒の自治的な活動が学校を超えて社会的、政治的な場面にまで拡大していくことは、一九五〇年代はじめまでの新制中学校では、決して特殊ではなかった。たとえば竹内常一（一九三五年生まれ）は、自身の中学校時代について、「私が経験した中学校時代の自治会活動（当時は「自治会」とよび、「生徒会」とはいわなかった）は、旭丘中学校の自治活動とほとんど変わるところがなかった」と述べている（竹内 1995:XVii）。

そしてまた、当時の教育学も、学校を超えて政治的な活動へと拡大していく子ども・青年の行為を肯定的にとらえていた。旭丘中学校事件を現地調査した教育学者五十嵐顕は、旭丘中学校の自治活動に関して、次のように述べている。

「一口に生徒の自主性といっても、このような教育活動の基調におかれる精神態度は、生徒たちがおくっている全生活から切りはなされた学校生活の部面のみで確保されるものではありえない。生徒が共にする両親との家庭生活や、生徒たちの生活的視野に入ってくる社会情勢の変化も子どもたちを動かしている。生きて動いてゆく生活環境のなかでは、自主性にもられてくる具体的な内容は多くの可能性にさらされてくるのである。教師の指導は、このような大小の可能性のなかで、生徒の自主性が正しい人間的成長のエネルギーとなるように、時には生徒が自らの力で自己の現実を否定するまでに、それを高めてやらねばならなかった。」（五十嵐 1957:60）

以上のように述べながら、五十嵐は、「生徒たちの生活的視野に入ってくる社会情勢の変化」という、現実の政治的な変動の局面に子どもや青年をさらしていくことが、「教師の指導」として正当性をもちうることを主張する。このような五十嵐の把握に、政治的子ども・青年把握の典型的な一例を見ることができる。

しかしながら、このような政治的な子ども・青年のとらえ方は、一九五〇年代後半に急速に解体していく。その一つの要因は、教育の中立性の論理を掲げつつ教育運動を抑圧しようとした当時の文教政策の動向であった。だが、子ども・青年把握という点からみたとき、政治的子ども・青年把握の解体をうながしたよりいっそう重要な要因は、そうした文教政策の動向以上に、一九五〇年代後半以降の民間教育運動の内部の動きと、それに連動した教育学の理論転換にあった(4)。そして、そうした動きのなかから、政治的子ども・青年把握に代わる、新しい子ども・青年のとらえ方が生み出され、一九六〇年代以降は主流の地位を得るようになっていく。それが、次に述べる教育学的子ども・青年把握にほかならない。

（2）教育学的子ども・青年把握――保護と進歩のユートピア

教育学的子ども・青年把握の胎動は、実は、旭丘中学校事件に対する、先に引用した五十嵐顕とは別の、あるもう一人の教育学者のコメントのなかに見いだすことができる。それは、五十嵐と共に旭丘中学校事件の調査に参加した、勝田守一によるものである。勝田は、「旭丘中学校の教師たちが、民間教育研究団体に属していなかったという事実」に着目し、そこに、「旭中の教育が、その目標において高くその熱意において深いものがありながら、なお教育活動の本来の方法や技術について果してどれだけの用意があったか」という問題を指摘したうえで、論文の結論部分において次のように述べる。

「とくに、考えなければならないことは、教員組合と労働組合の提携が、その教育活動に『組合的』な印象を濃くしていることである。組合に結集する教師がそれによって、自主的人間として、解放され、自己を確立し、さらに国民の大部分を占める勤労者階級の要求を、自己のものと感じて、国民教育が、その要求をみたすために、自由と真実と（ママ）もとづいてすすめられるように、これを守ろうとすることはきわめて重要なことである。しかし、旭中の教師たちがもちろんこのような認識のもとに、努力をすすめてきたことに疑いはないが、もう一つの点、つまり、おとなでない子どもの教育という活動において、直接的に組合活動と結ばれるのではなく、教育固有の『学習』の面に引き直すどれだけの意識が働いたかが大切な点である。」（勝田 1957:18–38）

ここで勝田は、旭丘中学校事件に対して、先に引用した五十嵐顕とは明らかに異なるスタンスをとっている。五十嵐は、現実の政治的な変動の局面に子どもや青年をさらしていくことが、「教師の指導」として正当性をもちうることを主張していた。それに対して、勝田はむしろ逆に、「おとなでない子どもの教育という活動において、直接的に組合活動と結ばれるのではなく、教育固有の『学習』の面に引き直すどれだけの意識が働いたか」という点を強調する。そこでは、政治活動と直接結ばれるのではない「教育活動の本来の方法や技術」が重要視される。この点での旭丘中学校の実践について、勝田は、慎重ないいまわしながら、きわめて批判的な評価を行っている。

ここでの勝田の議論には、その後、彼が教育科学研究会の「認識と教育」部会で展開し、主著『能力と発達と学習』へと結実していく教育学認識の発想の原型が、率直な形で表現されている。ここで勝田によって提起されている教育学認識こそ、一九六〇年代以降の民間教育運動の展開に影響を与え、戦後教育学の主流を形成していく、教育学的子ども・青年把握の一つの典型にほかならない。そしてそれはまた、近代教育学における子ども・青年把握の特徴を明瞭な形で含んでいた。

その特徴を、以下では二つに分けて整理しておきたい。一つは、保護される子ども・青年というとらえ方であり、もう一つは進歩の担い手としての子ども・青年というとらえ方である。

①保護される子ども・青年

前述の勝田の議論で強調されている一つの論点は、子どもや青年を現実の政治的な変動の局面にさらすのではなく、むしろ、そうした学校の外側の社会的、政治的実践に直接結びつかない「教育固有の『学習』」をいかにして引き出すかという視点である。そこには、「おとなでない子どもの教育」における「教育固有の『学習』」を、大人の世界とは切り離し、独自の領域において展開しようという認識がある。

勝田はこの子どもや青年を大人の世界から切り離すという視点を発展させて、一九六四年に出版された『能力と発達と学習』では、「子どもは、未来の社会的労働、つまり人生にそなえて、もともと先人の労働に支えられている文化的成果を学ぶために、直接的労働から解放されなくてはならない」と述べる（勝田 1964:218）。このように勝田は、子どもを、大人の労働に直接参加することを免れ、そこから隔離された空間に保護された存在としてとらえる。

ここには、子どもや青年を、大人とは異なる空間に保護しようという思考様式がある。このような、子どもや青年を大人の世界から切り離して保護しようという思考様式は、近代家族と近代学校という、近代に特有の教育制度それ自体を特徴づける考え方にほかならない。たとえば、歴史家のフィリップ・アリエスは、近代の家族と学校が、「子どもを大人の世界からひきあげさせた」という特徴を有するものである点を指摘している（Ariès 1960＝1680:386）。

②進歩の担い手としての子ども・青年

それでは、このように子どもや青年を大人の世界から隔離、保護された存在としてみなすことの積極的な意味は、どこにあるととらえられているのだろうか。

勝田によれば、近代以前の子どもや青年の存在様式は、大人の世界と完全には切り離されておらず、むしろ近代以前の多くの子どもたちは、「おとなの労働への参加、手伝いという形で、やがて一人前に働く力量を、経験と口伝えで学びとった」という。このようなあり方が可能であったのは、近代以前の社会が、農村やギルド、貴族社会のような、自閉的な共同体によって形成されており、子どもや青年にとって、自分が将来何になるかのモデルは、身のまわりの大人たちのなかにあったからである。

それに対して、共同体が解体し、社会的分業の高度に発展した現代社会では、事情が変わってくる。そこでは、「子どもたちが自覚的に自分の能力の社会的使用の道を選択することができるまで、その選択の能力の成長も含めて、学習の全面性を保障するのが、本来の学校の現代的な任務なのである。」（勝田 1964:219–227）ここには、ある特定のモデルへ向けてアイデンティティ形成する子ども・青年ではなく、いかなる可能性にも開かれた、何にでもなれる「学習の全面性」を保障された子ども・青年の姿がある。そうした「学習の全面性」が保障されるためにこそ、子どもや青年は、身のまわりの大人の世界から隔離、保護されなければならないのである。

このような子ども・青年把握の基底にあるのは、子どもを進歩の担い手としてとらえ、子どもの成長と社会の進歩を結びつけて考える、いわばある種の進歩主義的ユートピア思想である。(5) すなわち、子どもや青年を「無限の可能性」をひめた存在としてとらえ、そうした「無限の可能性」をひき出す営みとして教育をとらえる発想である。そうすることによって、教育は、社会の進歩をうながす営みであるとされる。勝田はいう。

「教育には可能性がある。そこには子どもの成長を社会の進歩とともに考えようとする思想がある。その思想は、教育を真に子どもたちの成長のためのものにしようという努力と、子どもたちの成長によってこの社会の進歩をねがう希望とを統一しはじめている。」(勝田 1964:218)

このように、一九五〇年代後半から一九六〇年代にかけて勝田らによって展開された教育学的子ども・青年把握は、保護と進歩の思想を特徴とするものであった。それは、子どもを政治的場面にさらしてはならないという社会的な通念に支えられながら、一九六〇年代以降、教育学や教育実践の領域に、急速に普及していく。

そして、このような教育学的子ども・青年把握が、一九五〇年代における教育の脱政治化を加速させていく。すでに別のところでわれわれの共同研究が明らかにしているように（小玉・荻原・村上 2016）、教育二法や地方教育行政法（地教行法）、義務標準法によって、教育当事者間の関係を非政治的に調整するメカニズムが形成された。また、日教組系の教師たちの教育実践を支えていた民間教育運動とそれを支えていた革新系教育学も脱政治化し、教育的価値の中立性を担保する「子どもの発達」という概念が脱政治化のシンボルとなっていった。以下ではこの点に触れておきたい。

（3）教育学的子ども・青年把握と教育の脱政治化

以上で述べた勝田に代表される教育学的子ども・青年把握には、勝田が政治と教育を峻別し、「政治活動と直接結ばれるのではない『教育活動の本来の方法や技術』」に定位する視点が明確に読み取れる。そして、この勝田における政治と教育の峻別論が、その後の民間教育運動を導く理論的主柱となっていく。

たとえば、一九五八年に雑誌『思想』に発表された勝田の堀尾輝久との共著論文「国民教育における『中立性』の問題」では、前記のような政治と教育の峻別論に立脚して、以下のような認識が示される。

「しかし、『公共』のために教育を『中正』にする方向は、現実の差別を抽象した国家という統一的な実体が存在しない以上、『国民の多数に支持される』政党の利害、具体的には、それを支持する経済的支配者たち、国際的にはアメリカの支配勢力との関係から生ずるインタレストによって、実質的にみたされるほかはない。そのばあいに、具体的に個々の内容を直接的なインタレストでみたすような仕方で支配するというよりも、その支配的インタレストに対立するような内容を、無害にするという仕方で、『中正』の観念を成立させる。これが政府による教育の中立性とよばれる『中正』維持のための統制の実態である。このことに対して、教育が私事であるという原則が、教育の中立性の真実の要求を成立させる。…（中略）…私事を組織するということは、すべての個人の幸福の追求と教育とが直接に結びあうことであり、子どもの幸福追求の自主的能力の成長に、教育が責任をもつということである。」（勝田・堀尾 1971:410–411）

このように、政治とは峻別された私事としての教育が組織化され、「子どもの幸福追求の自主的能力の成長に、教育が責任をもつということ」、すなわち教育の固有性の原理こそが、国民教育における中立性を真の意味で担保するのだ、という認識が示される。この認識は一九六〇年代以降の民間教育運動の主流派の認識を形成していくことになる。

冷戦期の教育政治は、表面上は、政府・文部省を中心とした保守勢力と、教員組合運動や民間教育運動を中心とした革新勢力との間の激しい政治的対立の磁場において展開されてきたように見える。しかし、以上でみてきたように、その実態は、一九五〇年代末以降、いわゆる革新系の教育学のなかで、勝田守一に代表されるような教育的価値の中立性に依拠したリベラルな教育学が台頭し、それが教育学や教育実践の脱政治化を促していった面があった。その際に、教育的価値の中立性を担保する理論的鍵概念として位置づけられたのが本章でみてきたような教育学的子ども・青年把握、特にそこでの「子どもの発達」という視点であったのである。

しかしながら一九九〇年代以降、こうした教育学的子ども・青年把握は、新たな局面を迎えることになる。以下では、教育学的子ども・青年把握が、一九九〇年代以降、どのような形で変容をこうむることになるかを、保護される子ども・青年というとらえ方と、進歩の担い手としての子ども・青年というとらえ方の、それぞれに即してみていくことにしたい。

3　教育学的子ども・青年把握の変容

(1) 保護から参加へ

ここで取り上げるのは、一九九〇年代にいじめ問題に対するアプローチとして注目されたピア・カウンセリング（コウイー&シャープ 1997）や、犯罪少年処遇の改革プログラムとしてアメリカで普及したティーンコートなど、同世代（同輩）の影響力を利用することによって子ども・青年の自治能力を養成しようとする教育プログラムである。むろん、一口に同世代の影響力を利用する自治能力養成プログラムといっても、その内容や領域は様々である。しかしながらこれらのプログラムは、教育学的子ども・青年把握の特徴である保護される子ども・青年というとらえ方に対する、批判的問い直しの視点があるという点で、共通の志向性を有していた。したがってわれわれはそこから、保護される子ども・青年というとらえ方が一九九〇年代以降、いかなる形で問い直されようとしてきたかを読み取ることができる。(6) ここでは特に、ティーンコートに注目する。

ティーンコートとは、軽犯罪を犯した少年の処遇が、同世代の少年たち自身が弁護士や検察官、陪審員として参加する裁判で決められるプログラムである。(7) ティーンコートにおいて少年たちは、裁判という公共的な実践に参加することを通じ、公共的な市民としてのスキルに習熟していくと考えられている。具体的なスキルの内容としては、「聞くこと」(listening)、「問題解決」(problem solving)、「意思疎通」(communication)、「紛争解決」(conflict resolution) が挙げられている。これらのスキルはいずれも、知識として与えられるだけでは身につかず、公共的な実践の場面に参加することを通じてはじめて訓練され、習熟していくものであると考えられている。そのようなスキル形成の機会の提供が、ティーンコートプログラムに期待されている (Goodwin, T. M. et al. 1996)。

従来の犯罪少年処遇は、少年を社会から隔離して親、あるいは国親のもとに保護しようという理念にもとづいて行われてきた。したがってそこでの理論枠組みは、子どもや青年を大人の世界から隔離された空間に保護しそこで矯正を施すという、教育学的子ども・青年把握の保護主義的な特徴をそなえていた。

これに対して、ティーンコートプログラムでは、青年を保護の制度の内部に囲い込む発想が否定される。そのうえで、青年期を社会的、公共的な実践の過程に開いていくことが重視される。そこでは、市民的な資質は、社会から隔離された保護空間においてではなく、現実の公共空間における自治的な諸実践の場面に参加することを通じてはじめて訓練され、習熟していくものであるととらえられている。

このように、ティーンコートのような同世代の影響力を利用する自治能力養成プログラムには、保護と教育を中心とした従来の枠組みとは異なる新しい視点が含まれている。それは、自治と参加を中心とした枠組みである。この枠組みは、子どもや青年を公共的な実践から隔絶された空間に保護してきたこれまでの制度的な枠組みを突き崩し、子どもや青年の公共的実践への参加を奨励する、政治的、社会的な胎動のなかから生まれてきたものである。

しかしながら、ここでみたような保護から参加へという軸は、それ自体としては、教育学的子ども・青年把握をトータルに問い直すものでは必ずしもない。なぜなら、ここには教育学的子ども・青年把握のもう一つの特徴である進歩の担い手としての子ども・青年を問い直す視点が含まれていないからである。進歩の担い手としての子ども・青年というとらえ方を温存したままで、子ども・青年の自治と参加を行おうとすると、かえって、子ども・青年をきたるべきユートピア実現へ向けての先兵にするという発想が露骨に表面化することになりかねない。その場合、ハンナ・アレントがナチスの時代のドイツなどを念頭において危惧したような、子どもや青年の自治組織を特定の政治目的に奉仕する手段にしてしまう危険性が生じる。(8) 一九九〇年代以降、進歩の担い手としての子ども・青年というとらえ方の問い直しが提起されていくのは、このような文脈においてである。

（2）進歩の担い手としての子ども・青年から共同体の担い手としての子ども・青年へ

進歩の担い手としての子ども・青年把握に代わる認識枠組みとして一九九〇年代以降に浮上したのは、子ども・青年のアイデンティティ形成のモデルとしての、共同体の再評価の動きである。

その一つに、一九九〇年代以降、学習についての理論的な問い直しとして注目された、「正統的周辺参加」論がある。これは、学習を個々人の一般的な発達の過程に還元するとらえ方を批判し、固有の文脈を有する共同体への参加として学習をとらえなおしていこうという問題提起である。そこで学習は、知識の内面化ではなく、参加を通じての共同体の成員としてのアイデンティティ形成であるととらえられた。具体的には、かつてのギルドにおけるような、職人共同体への参加を通じスキル（技能・熟練）形成を行う、徒弟制的な学習のあり方が再評価された(9)。

このような、共同体の一員としてのアイデンティティ獲得として学習をとらえ直そうという動きは、それ以前の発達論的な学習が前提としてきた、何にでもなれる無限の可能性をひめた子ども・青年という、進歩主義的な認識に対する変更を含んでいた。こうした、進歩主義的な前提の変更と、共通のアイデンティティを有する共同体への志向性は、一九九〇年代以降、様々な形で、教育理論や教育実践の現場にも現れていくこととなった。

たとえば、乾彰夫は、一九六四年の勝田守一の『能力・発達・学習』を取り上げ、「勝田は、当時の教育政策の基本動向を、経済効率性にもとづく特殊化と判断し、この国家政策との緊張の中で、特殊化よりも普遍的な科学的認識を教育的価値として選択したと考えられる」としたうえで、そうした勝田の選択を次のように批判する。

「そこで今日、もう一度六〇年代前半の勝田の土俵に戻って、現代日本社会の中での教育的価値について問い直してみるならば、そこで課題とされるべきは、職業準備の抽象化に対して、どのように『自分を未確定の可能性の中から選択する』主体的契機を育てるかということではないだろうか。このことはもとより、普遍的な科学的認識のもつ教育的価値性をすべて否定することではない。だが、教育的価値が社会の現実やそこでの人間をめぐる諸矛盾との緊張関係のなかで成立することを考えるなら、現実の矛盾との関係においては、その価値を限定的にとらえるべきであることも当然であろう。(10)」

このようにして乾は、勝田が「普遍的な科学的認識を教育的価値として選択した」ことを批判しつつ、「『自分を未確定の可能性の中から選択する』主体的契機」を職業教育や技術教育、進路指導などを通じて育てることの価値を評価する。ここでの乾の勝田批判は、勝田における、何にでもなれる「学習の全面性」を保障された子ども・青年像に向けられている。それに対して乾は、進路指導や職業教育などを通じ、ある特定の職能共同体を選択し、その成員モデルへ向けてアイデンティティ形成する子ども・青年像を再評価する視点を押し出す。この視点は、「共同体」という概念こそう用いられてはいないものの、明らかに、前述の「正統的周辺参加」論などによって提起されていた学習共同体の再評価の動向と事実上重なり合う内容を含んでいた。

また、一九九〇年代に高校教師だった浅野修一は、当時の学校において「教師と生徒、生徒同士が安定した関係をつくりだせないでいる」現実を変えるためには、「あらかじめ関係についてのルールの存在が必要であり、このルールが共有されているという事実が存在しなければならない」という。浅野によれば、「この共有された価値感（ママ）なりルールなり慣習なり規範なりが『わたしたち』あるいは『われ―われ』という意識＝アイデンティティを生じさせる。学校が安定した相貌をもつのはここにおいてである。」この浅野の実践構想には、アイデンティティの共有にもとづく「共同性」の構築によって、教師―生徒関係を成り立たせようという問題意識があった（浅野 1998: 102）。

乾の場合は、青年のアイデンティティ選択の場としての職能共同体が一つの念頭におかれているのに対して、浅野のいうアイデンティティの共有にもとづく「共同性」は、「社会に存在している私たち大人の『われ―われ』意識」一般を含んでとらえられている。したがって両者の議論は必ずしも同一ではない。

にもかかわらず、両者の議論はいずれも、何にでもなれる無限の可能性をひめた子ども・青年というとらえかたと、そうした子ども・青年の未来が科学的に予見可能であるという発達論的な前提とを、もはや教育関係を構築する際の積極的な根拠とはみなしていない点で、一致している。そしてそれに代わるものとして、共通のアイデンティティを有する共同体への志向性を打ち出す。このような、いわば共同体の担い手として子ども・青年をとらえようとする動向のなかに、進歩の担い手として子ども・青年をみなすとらえ方に対する一つの有力な批判の動きをみることができる。

4　子ども・青年を他者としてとらえる——共同性から公共性へ

それでは、右でみたような一九九〇年代以降の共同体の担い手としての子ども・青年把握は、はたして、教育学的子ども・青年把握を根本的に問い直す把握たりえていただろうか。たしかに、教育する側とされる側の関係を共同体的な視点からとらえ直すことによって、進歩の思想においては自明のものとして問われることのなかった教育する側の当事者責任性、すなわち、われわれは何を根拠として、子ども・青年に対して教育的な関係をとれるのかという問題を、それとして主題化することが可能になる(11)。その意味では、共同体的な視点は、教育学的子ども・青年把握の「目かくし的な効果」から自由になるための方法を提供したといえる。

しかしながら逆に、共同体的な視点は、別のある重要なものを見えなくさせてしまうことにもなったのではないだろうか。それは、教育する側とされる側、あるいは世代間に存在する異質性や他者性である。

教育という行為が、過去に責任を負う先行世代と未来を担う後続世代との間の関わりを伴い、しかも、この過去と未来との間に直線的な進歩の関係を想定できないとすれば、教育する側とされる側との間には、異質な他者性が不可避的に存在するはずである。だが、共同体的な把握は、両者を共通のアイデンティティでくくることによって、この他者性を消去してしまうことになる。

このような、共同体主義によってもたらされる他者性や異質性の消去に抗するためには、子ども・青年をとらえるための別の視点が導入される必要がある。それを、ここではハンナ・アレントをふまえて、公共性として概念化したい(12)。ここでいう公共性とは、共同体あるいは共同性と異なり、アイデンティティを共有しない異質な他者間の関係をさす概念である。

アレントによれば、公共的世界の異質性や複数性が維持されるためには、出生によって世界に参入する新参者である子どもの存在が不可欠である。なぜなら、不確実な未来の体現者である子どもという新参者は、既存の公共的世界に異質性をもたらすことによって、それを同質的な共同体へと転化させないための鍵となる存在だからである（Arendt 1968: 196＝1994:264）。

このアレントの認識をふまえれば、教育とは、不確実な未来の体現者である子ども・青年が、既存の公共的世界に責任を負う大人と出会う場所（トポス）にほかならない。そこでは、未来と過去が衝突することによって、既存の解釈体系によっては了解不可能な出来事が不断に生起する。

既存のルールに侵入し、それを食い破る存在である子ども・青年。彼らによって、大人、あるいは教師のおもわくは、常に裏切られ続ける。そのような、異質な他者である子ども・青年との関わりこそが、公共的空間の更新の条件となりうるのである。

このように、共同性から公共性へと視点を移行させることによって、われわれは、子ども・青年を他者としてみる方法を得られるのではないだろうか。そのときはじめて、いま「問題」視されている子ども・青年の「荒れ」や「学級崩壊」、「未成熟」といった現象は、これまでの教育学的な語られ方とは、まったく異なる様相を呈することになるだろう。(13) そして教育の再政治化と向き合う教師の構えも、こうした公共性に責任を負う存在として位置づけることができるように思う。次章ではこの点を取り上げたい。

註

（1）引用部分の初出は一九八七年。
（2）森田伸子（1998:241）。旭丘中学校事件の詳細については森田尚人（2008）の研究も参照。学校名の表記は、引用部分を除いては、現在の表記である旭丘中学校とした。一九五〇年代の教育の脱政治化については、小玉重夫・荻原克男・村上祐介（2016）も参照。
（3）事件の経緯の詳細については、勝田守一（1957）を参照。
（4）一九五〇年代後半に教育運動内部での政治主義的傾向を批判する動きとしては、『教師の友』誌上での遠山啓らの問題提起がある。それらを含めた、一九五〇年代後半における教育理論の転換の過程については、さしあたり、小玉（1990a）を参照。
（5）先に引用した森田伸子は、一八世紀後半以降のヨーロッパ近代における進歩主義的ユートピア思想が、「子どもこそが未来に、そしてユートピアにより近い存在」であるという子ども観を生み出したという。森田伸子（1994:200）。

（6）藤本卓は、生活指導実践における新たな試みの例として、ピア・カウンセリングやティーンコートを挙げ、それらを「アソシエーション型の世代の自治」として位置づけている。藤本卓（1998:16-17, 21）。この藤本の論稿を含む近年の高生研（全国高校生活指導研究協議会）内での「世代の自治」論については、同誌を参照されたい。

（7）ティーンコートについて詳しくは、以下を参照。小玉（1998a）、小玉（1998b）。

（8）アレントによれば、「新しい状況を生み出そうとするならばまず初めに子どもから手をつけなければならぬという信条をもっぱら我物顔にしてきたのは、暴政的な性格をもつ革命運動である」という（Arendt 1968: 177＝1994:237-238）。

（9）レイヴ、ウェンガー（1993）。佐藤学の「学びの共同体」（佐藤 2012）も、まさにそのような流れのなかで一九九〇年代以降、提起され、普及していったものであると位置づけることができる。この点については小玉（2013）を参照。

（10）乾彰夫（1990:211-215）。「教育の職業的意義」を提起する本田由紀らの議論は、このような一九九〇年代における乾らの提起の延長線上に位置しているということができよう（本田 2009）。

（11）千葉律夫は、一九九八年三月の所沢高校紛争についての研究者や実践家の語り方について、「当事者責任意識の欠如」を問題にしている。千葉律夫（1998）を参照。

（12）詳しくは、小玉（1994a）、小玉（1994b）を参照。なお、まったく同じではないが、同様の視点から共同性と公共性の違いに言及している論稿として、宮台真司（1997:224-232）を参照。

（13）子どもを異質な新参者としてみることによって、これまでの教育学的子ども把握を批判的に問い直そうとするものとして、五味太郎（1996）がある。

第二章　教育実践史における再政治化の系譜

1　脱政治化に抗して――教師の権力性批判の系譜

　本章では、戦後教育史において教師の権力性を批判的に議論した系譜に注目し、その戦後教育思想史における意味を検討する[1]。教師の権力性批判とは、教師が政治的権力存在であることを認識し、かつ、それを批判的に相対化しようとする理論や実践の系譜をさす。冷戦構造が定着し、前章で検討したように教育が脱政治化していった一九五〇年代後半以降、教師を政治的関係から独立、あるいは中立の存在としてとらえる傾向が官民双方における戦後教育言説の主流を形成していくなかで、教師の権力性批判の系譜は、一貫して教育学や教育実践の主流から排除され、周辺的な位置におかれてきた。

とはいえ、教師や教育を政治的存在としてとらえる議論が当初から周辺化されていたわけでは必ずしもない。一九五〇年代半ばまで、教育学者の言説や教育運動内部の言説には、コア・カリキュラム論争や教育科学論争、「社会の持続」論争など、政治と教育の関係把握をめぐるきわめて多様な論争の文脈があり、そこから、旭丘中学校事件に象徴されるような教師の政治的役割を積極的に位置づける議論も生まれていた。その背景には、大衆社会論争や構造改革論争などにみられるような、日本社会の改革をめぐる政治戦略の選択とも絡んだ社会科学上の論争の存在があり、その政治的な決着が未だはっきりしていないという事情もあった（中内・竹内・中野・藤岡 1987、海老原 1988、小玉 1990a）。

しかしながら、一九五〇年代末以降、第一章で検討したような子どもを進歩と発達の担い手としてとらえ、それに応答する教育的価値の独自性とその政治的価値からの自律性を強調する議論、および、そうした教育的価値の担い手として教師をとらえる議論が急速にヘゲモニーを獲得していくなかで、教師や教育の政治性を強調する議論は主流の位置から排除され、周辺化されていった（小玉 1998）。その意味で、教育の非政治性を強調する言説はそれ自体が、一九五〇年代の論争に対するある意味での政治的決着の結果としてもたらされたものであったということができる。

そしてそれ以降、教師の政治性や権力性に注目する議論は戦後教育の周辺に位置する異端的な存在であり続けてきた。その一端は、教育実践の世界では、教科外教育や生活指導などにおいて見いだすことができるが、そのような視点からこの領域に注目、アプローチした研究は決して多くはな

い。(2)

本章では、戦後教育における教師の権力性批判の系譜の一環をなすものとして、一九七〇年代以降のプロ教師の会（埼玉教育塾）の言説を、特のその中心メンバーの一人である諏訪哲二の思想と実践に焦点をあてて検討する。その際特に、ハンナ・アレントらによる「社会的なるもの」と「政治的なるもの」のカテゴリーにもとづきながら、戦後教育の脱政治化と冷戦構造崩壊以降の再政治化の文脈をふまえる。そしてそうした脱政治化から再政治化へという文脈の変容との関係において、教師の権力性批判の系譜がいかなる意味をもっていたかを検討し、あわせて、一九九〇年代以降における教育の再政治化の可能性と条件を考えることを、本章の課題としたい。

2　社会的なるものの勃興と教育の脱政治化

（1）社会的なるものの勃興と近代公教育

近代の市場経済は、そこで活動する人間を再生産することができない。したがって市場経済はその外部に、人間を再生産する場所を必要とする。それが近代の家族であり、学校である。ハンナ・アレントはこのような再生産の場所を「社会的なるもの」（the social）と呼ぶ。アレントによれば、社会とは、生命の維持という私的な営みが公共的な関心事となっていく事態にほかならない。それは、ミシェル・フーコーが「統治性」（governmentality）ということばで、ドンズロが「社会」

(the social) ということばで引き取った近代認識と重なっている。つまり、社会とは、私的なものの価値が上昇して公的な関心事となり、私的なものと公的なものの境界がなくなることによって成立する (Burchell, Gordon, Miller 1991)。アレントにおいて、公共性が「複数性」(plurality) が実現する場であり、政治的なるもの (the political) と不可分であるのに対し、社会は近代の市場経済にもとづくもので、貨幣に媒介された人間存在の画一性が支配する。

第一章でも指摘したように、近代の家族と学校が「子どもを大人の世界からひきあげさせた」と論じたのはアリエスであった (Ariès 1960 = 1980)。子どもを大人の世界から保護し生命の維持と再生産を行うことは、社会的なるものの重要な特徴である。その意味で、保護空間の中心をなす近代学校は近代家族とともに、社会的なるもののエイジェントにほかならない。

近代学校が公教育の機関として制度化されてきたことは事実である。しかし、アレントやドンズロがいうように、そこでの公共性は、「社会」とほぼ同義のものにほかならなかった (Arendt 1958, Donzelot 1988)。広い意味での方法論的「社会」主義の興隆が、公共性の忘却と政治的なるものの縮減を促進したのが、近代の公教育の現実であった。

このような社会的なるものの勃興と政治的なるものの縮減という近代の構図は、戦後日本における教育の脱政治化の事態を説明するうえで、とりわけ有効な視点を提供するものである。以下では、その点を素描しておくことにしたい。

（2）戦後日本における社会的なるものの勃興と教育の脱政治化

戦後の日本において教育の脱政治化が進行したのは、一九五〇年代後半以降のことであった。その一つのきっかけとなったのが、第一章で詳述した一九五四年の京都の旭丘中学校事件である。そこでも述べたように、これは、生徒の一部がメーデーや市民団体主催の平和運動に参加したことなどをめぐり、教師の指導を「偏向教育」であると批判する父母および教育委員会と、教師の指導を支持する父母や生徒会、教職員組合との間の対立が激化し、両派が九日間に及ぶ分裂授業に至った事件である。

旭丘中学校事件以後、教育の脱政治化を促した要因は、二つある。一つは、教育の中立性の論理を掲げ教育運動を抑圧しようとした当時の官僚統制の動向であった。一九五八年には学習指導要領に法的拘束力が付与され、教育への官僚統制は決定的となる。もう一つは、一九五〇年代後半以降の人々の教育要求と、それに連動した教育学の理論転換にあった。そこでは、特定の職能や階層性への特化を先送りする「能力＝平等主義」（苅谷 1995）が普及し、それに適合した子どもの保護と全面的な発達保障という考え方、すなわち前章で見た教育学的子ども・青年把握が支配的となっていった。

こうして戦後の学校教育は、上からの官僚統制と下からの教育要求の双方によって、脱政治化し、子どもを保護する空間となっていく。それが、企業社会、およびそれを支える近代家族と接合し、欧米と比較して相対的に脆弱な政治的意味空間を伴う社会的なるものの形成を促進していった。欧米においてもこの時期、学校教育を通じての社会的平等を達成するための政策が実行されるが、階級的コンフリクトが政治的に顕在化し福祉国家の形成を促した欧米とは異なり、日本の場合、脱政治化した家族・学校・企業のトライアングルが、福祉国家を代替したのである(3)。この点については第三章で詳述する。

(3) 一九七〇年代――再政治化の挫折

一九七〇年代になると欧米では、一九六〇年代の学校教育を通じての平等化政策の正統性が揺らぎはじめた。理論的には、学校がその「隠れたカリキュラム」を通じ、社会的分業への選抜とその正統化装置として機能していく事態が、アルチュセール、ブルデュー、ボウルズ＝ギンタスらの再生産理論によって明らかにされた。また実践的にも、学校教育の中立性が疑われ、その再政治化が、一九七〇年前後の学生運動、その後の学校教育における参加民主主義の実現や官僚統制の見直し等によって促されていく（小玉 1999）。

これに対して日本の場合、全国の大学、高等学校で展開された一九七〇年前後の運動は、思想的にはたしかに大きな影響を及ぼしたものの、運動が展開された当の舞台である学校教育の革新、あるいは、教育学の理論転回に結びつくことは少なかった。たとえば、精神医学の領域等において一九七〇年前後に展開された学会革新や理論革新と同様の動きは、教育学の世界では必ずしも大きな動きにはならなかった。先述の再生産理論が、ほかならぬ学校教育を対象として展開されたにもかかわらず、である。また、教育の実践においても、欧米に比べ、七〇年前後の運動が影響力をもつことは少なかった。日本でも、一九七〇年前後に学生運動が全国の大学、高等学校で展開されたが、それらは欧米と比較すれば、一部の高等学校での着装の自由化、生徒自治の進展等はあったものの、その後の学校改革に直接結びつくことは少なく、むしろ逆に、一九六九年通達で高校生の政治活動が禁止され（終章参照）、また、この時期以降、偏差値が学力を測る物差しとして、また進路決定の手段として、強力に機能していった。これは、欧米と比較して相対的に脆弱な政治的意味空間のもと、家族・学校・企業のトライアングルが強化され、そのことによって、学校教育の再政治化が阻止されたことによる（第三章）。

3　埼玉教育塾における教師の権力性批判

（1）伝習館闘争と生活指導運動

とはいえ、少数派ながら、学校教育の内部で政治的実践を試みようとする動きがないわけではなかった。一九七〇年に福岡県立伝習館高校の三人の教師が、階級闘争やベトナム戦争等について学習指導要領を逸脱した教育を行ったとして、「偏向教育」を理由に懲戒免職処分を受けた。いわゆる伝習館事件である。処分を受けた三教師を支援する市民や教師たちのネットワークから、さまざまな教育運動が展開されていくが、その一つに、埼玉県の教師たちの集団である「埼玉教育塾」

（プロ教師の会）がある。

埼玉教育塾は、工業高校定時制の助手に対する処分に反対する教師たちの運動を母体として、一九七〇年代から八〇年代にかけて形成された埼玉県を中心とする教師たちのグループで、一九七〇年代から二〇〇〇年代まで、会員通信『異議あり！』を発行し、活動した。

伝習館事件や埼玉教育塾の教師たちは、教師の政治的実践を行おうとした点で、旭丘中学校事件の教師たちと共通している。しかし、旭丘中学校事件が、学校外の政治的実践への生徒の動員という形をとったのに対し、伝習館や埼玉教育塾の教師たちは、学校内部での権力関係の組みかえという視点をもっていた。この点について先述の『異議あり！』では以下のように述べている。

「伝習館闘争はその教育内容を問わてれ（ママ）三教師が首を切られたことから始まった。しかし三教師は、自己が首を切られたことによって、教師という存在の犯罪性とエリート校の教師であるという加算された犯罪性を決して免罪しはしなかった。差別構造の中に深く下降し、権力によって免職の理由とされた教育実践そのものの限界性をすら露呈する血みどろの闘いは『旭ヶ丘中学事件』という偏向教育処分などアッサリ超えてしまったし、他のモロモロの反弾圧闘争の被害者意識ズブズブの受身的対応とは一線を画している。」（異議あり！編集部 1973:153）

埼玉教育塾の中心メンバーの一人で、その思想と実践形成に大きな役割を果たした諏訪哲二は後に、伝習館闘争への参加をふり返り、この闘争を通じ、「教師であることの負性や意味を問い返す方向」へ進み、『現場』への下降」によって自らの教師性の「脱構築」を試みる契機となったと述べている（諏訪 1998:141–145）。

そして、この伝習館闘争から得た教師の権力性の組みかえ、教師性の脱構築という視点に具体的な実践イメージを付与したのが、生活指導運動であった。(4) 一九六四年四月に埼玉県の県立高校教師となった諏訪は、一九七〇年に二校目の「Y高校」に転勤する。この「Y高校」の時代は諏訪の思想と実践形成において大きな節目となる時期であった。その一つが前述の伝習館闘争との出会いであり、もう一つが、生活指導運動の実践家、「C氏」との出会いである。(5)

「C氏の実践を見て、はっきりわかったことは、私が言葉を多用して言葉だけでコミュニケートできると思っていたのにたいし、氏は、言葉は当然使用しながらも、実は、それは補助的手段でしかなかったのである。教師と生徒という権力関係を利用しながら、教師と生徒間・生徒と生徒間の『関係性』を通じての意思疎通を行ない、生徒自身がなんらかの『自己表現』ないしは『自己投企』をせざるをえないように追いこんでいくのが氏の方法であった。氏の『具体アクション』のなかには、教師の権力性を利用しながら、同時に権力の解体に向かわせる、すなわち生徒の『人間的自立』をうながす契機があきらかに存在するように、私には思われた。」（諏訪 1989:46）

このような、「教師と生徒という権力関係」を利用して生徒の側の自立と自治を促し、それによって「権力の解体」とその組みかえ、再編成を行おうというのが、諏訪における「教師性の脱構築」の実践的戦略であり、その内容であった。

(2) 教師性の脱構築

埼玉教育塾の教師たちは、一九八〇年代以降、「プロ教師の会」として、さらには諏訪哲二、河上亮一、藤田敏明らのメンバーが個人名で多くの著作を発表し、教育ジャーナリズムや教師たちの実践活動に一定の影響を及ぼしていく(6)。彼らの議論は、日本的な文脈において、二つの、相反する両義的意味をもっていたということができる。

第一に、彼らは戦後市民社会批判を強力に展開し、市民社会と対抗する教師の政治的権威の独自性を強調した。これは、前節での枠組みをふまえていえば、日本的な文脈では、戦後の脆弱な政治性をともなう「社会的なるもの」に対し、政治的なるものの自律性を対置する視点を内に含み、したがって、前述の諏訪のことばでいえば、近代学校とその教師性を内部から「脱構築」する視点を含んでいた。たとえば、彼らは教師と親が合意を形成しうるという戦後教育の前提を批判し、むしろ親との対決を強調する議論を展開したが、そこには、親の自然的権威に対し、教師の政治的権威を対置するモチーフがあった。また、一九八〇年代の著作で諏訪は、戦後市民社会の「上昇志向イデオロギー」を批判して以下のように述べる。

「私たちにいわせれば、走るのが速い生徒もいれば、おそい生徒もいる、勉強の好きな生徒もいれば、嫌いな生徒もいる、学力の身につく生徒もいれば、つかない生徒もいるのである。これらは、各人の個性の相違の基本的な一部なのであって、みんなが同じ『力』や同じ『可能性』をもっているわけではないのだ。

このような厳然たる事実を無視して、近代市民社会が歴史的に生み出したインディヴィデュアルの法的レベルにおける『平等性』を、あらゆる局面に適応しようとするから『差別』が発生するのである。私たちが、いまつくりださなければならないのは、このような人間相互のさまざまな局面における差異性を、差別性に決して転化させることのない強靭な『人間観』なのである。」

（諏訪 1989:195–196）

ここには、高度成長期以降の市民社会イデオロギーとしての「能力＝平等主義」への批判と対決の姿勢が鮮明に示されている。このような彼らの視点にはあきらかに、家族・学校・企業のトライアングルを通じ形成されてきた戦後日本の社会的なるものを批判的に組みかえていく視点を読みとることができる。彼らが伝習館闘争や生活指導運動との関わりを通じ得た「『現場』への下降」と教師であること（教師性）の脱構築の視点は、このような意味において、プロ教師の会としての活動のなかにもたしかに継承されていたということができる。

しかしながら第二に、一九九〇年代以降、後述するように彼らが対抗しようとしてきた戦後日本における社会的なるものそれ自体の解体が進みつつある中で、彼らの議論は、近代学校とその教師性を内部から脱構築するというよりはむしろ、それらを社会の変化に抗して擁護する性格を有していく。たとえば近年の彼らの議論の一部には、親の自然的権威との対抗というスタンスは後景に退き、「父性の復権」論の延長線上で教師の権威を擁護しようとする傾向がうかがえる（河上 1999）。また、諏訪の議論に即していえば、彼は九〇年代の著作で、「近代公教育にできることは、子どもたちを市民（国民）として育成することであり、人間として発達させることではない」としたうえで、その市民像について、以下のように述べる。

「子どもたちが学校や教育や教師に対しておしなべて持つある種の忌避感や敵愾心は、自己の本体が犯される（自己が自己から離脱して、互換可能なものになる）ことへの拒絶と恐怖に由来するように思う。実際、近代以降の天才と称されるほどの芸術家や科学者たちの多くは普通教育にはあまり馴染まなかった。日本の名だたる作家や芸術家たちのほとんども、日常的な生活感覚、市民性などはあまり所有していなかった（いない）のではないか。」（諏訪 1999:156–159）

ここで諏訪は、学校が育成する市民像として、互換可能性を保証する共通項としての国民性という点を強調するが、それは、「人間相互のさまざまな局面における差異性を、差別性に決して転化させることのない強靭な『人間観』」（前述）という八〇年代の主張とは異なるニュアンスのものとなっている。したがってここでの諏訪の主張全体のトーンとしては、教師としての立場から九〇年代以降の日本社会の変化に対して「『国民形成』型」の「旧い学校システム」を擁護するという主張の色合いが強くなってきていることは否めない(7)。

このように、一九九〇年代以降の「社会的なるもの」の解体に伴い、彼らの議論の力点は前述した二つの意味のうち、前者（第一の意味）から後者（第二の意味）へとシフトしてきている。このことによって彼らは、教師を学校改革と新しい公共性の担い手としてとらえることを困難にするアポリアへと、自らを追い込んでしまっているように見える。むしろ、彼らの問題提起を、特に前述の第一の意味において内在的にふまえ、それを教育における公共性の再構築と教師性の組みかえ、脱構築のための視点として徹底させるならば、第二の意味とは異なる筋の議論がつくり出される可能性もあったのではないだろうか。次節では、そうしたいわば彼らの思想と実践における未発の契機について、さらに検討を加え、そこから、九〇年代以降の思想的文脈の変容による教育の再政治化の条件を探ってみたい(8)。

4　政治的コーディネーターとしての教師

（1）教育的シニシズムを超えて

諏訪が自らの思想と実践を語る際に、敢えて「脱構築」という用語を用いたことの意味に注目してみたい。これは、一九六〇年代までの戦後教育言説にはみられなかった、一九七〇年代以降の新しい展開を示唆するものである。大澤真幸によれば、脱構築とは、近代的な啓蒙の戦略が失効した一九七〇年代以降の段階での批判の可能性を「最もポジティヴな部分で代表」するものにほかならない。すなわち、近代科学のようなあらかじめ想定された真理の立場からイデオロギーを批判する「啓蒙の戦略にのっとった批判」がもはや有効ではないという前提のもとで提起される新しい批判の様式、それが脱構築である。

だが、この脱構築は、一方では絶えずシニシズムという形の虚偽意識に転化する可能性をはらんでもいる。このシニシズムとは、「自己自身の虚偽性を自覚した虚偽意識」、あるいは「啓蒙された虚偽意識」のことをいう（大澤 1998:205–211）。たとえば一九八〇年代以降、プロ教師の会の言説が、たとえそれが彼らの本意でなかったとしても、結果として教師が権力者であるということを知りつつあえてその権力性に居直るという偽悪的な教師の身振りに正当性を与える効果を持っていたとすれば、彼らの脱構築論もまた、消費社会が生み出した教育的シニシズムとして消費されたということもあながち否定できない。

また、理論的文脈は異なるが、社会哲学者ジジェクもまた、脱構築の思想がはらむシニシズムの危険性を指摘する。ジジェクは、権力関係の絶えざる組みかえにラディカルな民主主義の可能性を見いだす脱構築思想の影響を受けたラクラウやバトラーらの立場を批判し、『『失敗するのはわかっている、でも求め続けなくちゃいけないんだ』という諦念／シニシズムの態度が、ここにはないだろうか」という疑問を提起する（Zizek 2000:93）。

かつて、ワイマール期ドイツ大衆消費社会のシニシズムがナチズムを生んだように、消費社会的シニシズムは、その極限においてはきわめて特殊な存在への絶対的な帰依を生み出しかねない。しかしながら、第五章で検討するアルチュセールやデリダを経由して一九八〇年代に喧伝されたポスト構造主義の思想が一方で消費社会的シニシズムをもたらしつつも、他方ではフェミニズムや政治思想の領域で確実にポジティヴな成果を生みつつある。それをふまえるならば、シニシズムに対する批判は、その可能性をポジティヴな部分で代表する脱構築への批判と等置されていいということにはならない。たとえば浅田彰は先のジジェクのような議論に対して、「問題は、ジジェクのシニシズム批判そのもの、したがってまたドグマティズムを選び取るというジェスチュアそのものが、きわめてシニカルであるということだ」という批判を加え、そこに六〇年代末のラカン＝アルチュセール主義過激派の危険性を見いだしている(9)（浅田 2001）。

同様のことは、教育的シニシズムについても妥当するのではないか。たしかに教師の権力性を肯定する議論には、ジジェクの表現を用いれば、「どうせ教師の生徒への働きかけが失敗するのはわかっている、でも権力からのがれられない以上、働きかけ続けなくちゃいけないんだ」というシニシズムをもたらす危うさがある。しかしこのようなシニシズム批判は逆に、かえって脱構築以前のドグマや啓蒙主義に陥る危険性を内包させている。それを避けるためには、プロ教師の会のシニシズムに対して啓蒙主義的な批判を加えることではなく、むしろそのシニシズムを内側から超えていくような戦略をこそ、探ることが求められる。

前述の大澤はその鍵を「批判的同伴者としての未来への責任」に求める（大澤 2000:198）。同様に、教育哲学者のレヴィンソンは過去と未来の裂け目に位置する教師の課題を次のように提起する。

「過去と未来の裂け目のなかで教えるということは、一方で、過去についての教えに関与するということであり、それは過去についての理解と指導、およびそうしたことの基礎となる記憶の保全をめざす。他方で、この裂け目のなかで教えるということはまた、学生が世界の修復にのりだすよう動機づけることでもある。その際同時に、学生の未来を決定し統制しようという誘惑に抵抗しなければならない。」（Levinson 1997:450）

ここで提起されている戦略は、いわば、過去と未来の裂け目のただなかで、そのいずれをも特権化することなく、その両方に対して応答的な立場を確保しようという戦略である。そうした戦略のかなめに位置づけられるものこそ、教える存在としての教師にほかならない。同じことを、諏訪哲二は、以下のように述べる。

「教師は生徒という『未来』と対面している。その『事実』に責任を感じる感性は、教育や学校や生徒に尽すのではなく、自らの教師的『個』を誠実に生きる限定的な『主体』として、自己を位置づけることができる。教師は旧い文化に内属しつつ、つねに『未来』と向き合っている。旧い文化に規定されつつ、『未来』に未来を語ることを職業的に強いられている。教師は文化を押しつけつつ、文化を超える『明日の主体』と対面している。そのような職業的実践に教師たちの個々の教師的『個』が、どのように感動し、自己限定し、さらに自己投企できるかが大切であろう。」（諏訪 1998:124）

このようなレヴィンソンや諏訪の指摘をふまえれば、教育実践とは、不確定な未来の体現者である子どもが既存の公共的世界に責任を負う大人と出会う場所（トポス）にほかならない。そこでは、無限の未来と無限の過去が衝突することによって、既存の解釈体系によっては了解不可能な出来事が不断に生起する。その可能性に依拠すること、ここに、教育的シニシズムをその内側から超える、一つのヒントが隠されているとはいえないだろうか。

（2）再政治化の条件

今日の日本の学校が直面しているのは、子どもを保護する「社会的なるもの」が解体しつつある事態にほかならない。たとえば教育社会学者の広田照幸によれば、「旧来の、子どもを丸ごとかかえ込む装置を拡大させて事態に対処しようとする福祉国家的／行政万能論的枠組みに異議を申し立てる」動きが、従来の「進歩派・左派」と「保守派・右派」の対立軸を横断して、双方を巻き込む形で進行しつつあるという（広田 2001:365）。このような状況が、「社会」の呪縛から脱却し、政治的なるものの復興と自律的な「公共」空間を構築することの現実的可能性を浮上させている。その際、教育の再政治化と公共性の構築のための具体的な条件としては、以下の三点を挙げることができる。

第一は、保護的な枠組みから脱却し、子どもを政治参加と自己決定の主体としてとらえなおし、その養成プログラムを確立することである。そのためには、子どもや青年の自己決定権を、それじたい固有の意味をもつものとして復権させる必要がある。前章で述べたピア・カウンセリングやティーンコートなど、同世代の影響力にもとづく自治能力養成プログラムは、この観点から位置づけられる必要がある。成年年齢の見直しや一八歳選挙権もその延長線上に位置づけられるだろう。

第二は、子どもを保護する空間として肥大化してきた学校の機能をスリム化することである。そのためにまず、教育の機能を公共的な市民を形成する課題と、職業などの社会的なアイデンティティを形成する課題とに分節化し、公教育としての学校の機能を前者の市民形成に焦点化する一方で、後者のアイデンティティ形成に関わる教育の多様化を推進するという方向性が模索される必要性がある。

第三は、ほかならぬ公共性という概念そのものを、ハンナ・アレントがいう複数性の関係として、すなわち、アイデンティティを共有しない異質な他者間の関係をさす概念としてとらえることである。この点と関わって、諏訪哲二は次のようにいう。

「『他者』や『異者』、自分以外の者に対して『同じ』から接近するのか、『違う』から接近するのかは、教師の生き方とも密接に関連しているが、大きな思想的・文化的問題でもある。『同じ』からはじめる者は、つまり相手を理解する努力を内包していない。」（諏訪 1998:209）

公共性にもとづく教育関係の組みかえは、ここで諏訪がいう「違う」ことを前提にして生徒に向かい合う教師のありようを志向するものである。それは、教師が自己を相対化し、自身の教師性を脱構築しつつ、不確実な未来の体現者である子ども・青年と出会う場所（トポス）として、教育関係を構成し直すことを意味する（Levinson 1997）。このような、いわば生徒を自分とは異なる異質な他者としてとらえる視点が、教師が社会的なるもののエイジェントとしての自らの存在性を脱構築し、新しい公共性と市民教育の担い手、政治的ネットワークのコーディネーターとして自らを再構築していくためにもとめられているのではないだろうか。それは、前節で検討した、過去と未来のいずれをも特権化することなく、その間に立つ教師のありようとも重なるものである。

これら三つの条件はいずれも、一九九〇年代以降の規制緩和による教育改革の文脈のなかで、肯定的、ないしは積極的に語られてきた内容とも重なるものである。前述のように、埼玉教育塾の教師たちは一九九〇年代以降のこうした改革状況を否定的にとらえる傾向が強い。しかし、九〇年代以降の規制緩和の思想文脈のうちには、彼らが危惧する教育の市場化というベクトルに還元され得ない、教育の再政治化の方向性をも読みとることができ（本書第三章）、むしろそこにこそ、彼らのもともとのモチーフを発展させる契機が含まれているのではないだろうか。

一九九〇年代以降グローバルに課題として浮上してきたのは、「社会」主義への対案としての、政治的なるものの復興と結びついた公共性を構築することにほかならない。そうした視野に立つことなしに、教育の公共性を展望することはできない。すなわち、社会的なるもののエイジェントとして制度化されてきた近代の学校制度を改革し、それに代わる新しい公共性をつくる場として、公教育を構築していく展望が求められている。そのために、近代学校の担いてである教師自身が、自らの存在性（教師性）を脱構築していくことが必要とされている。戦後教育史における教師の権力性批判の系譜は、まさにこの観点から、今日的に継承される可能性をうちに含んでいる。

戦後の啓蒙主義的教師像が、真理のエイジェントとしての教師から、子どもの発達への応答的存在としての教師へと発展してきたとすれば、これに対して、教師の権力性批判の系譜から今日的に継承されうる教師像は、先に挙げた三つの条件をふまえれば、政治的コーディネーターとしての教師であるということができるのではないだろうか。すなわち、一九九〇年代以降の社会的なるものの解体、教育の再政治化という事態は、啓蒙主義的教師像から政治的コーディネーターとしての教師像へという、教師像転換の思想史的文脈を準備しつつあるということができる。

自らの権力存在性に自覚的であり、その脱構築へのセンスをもった政治的コーディネーターとしての教師と、学校に関わる市民、生徒たちとの、異質性を前提とし、論争をうちに含んだ連携こそが、新しい公教育の創出において不可欠である。

註

（1）本章は、小玉（2000）、および、二〇〇〇年九月一七日に行われた教育思想史学会第一〇回大会コロキウム4「戦後日本の教育空間――均質空間のグローバル化・ニヒリズム・戦後日本教育」で当日資料として配布した拙稿「社会的なるものと公共的なるものの間――教師性の脱構築へ向けて」に、大幅な加筆と修正を加えたものである。なお、この配付資料のもととなったのは、二〇〇〇年三月「早稲田国際シンポジウム――二一世紀と教育改革」プログラム掲載の拙稿「社会的なるものと公共的なるものの間―教師性の脱構築へ向けて」、および拙稿「教育の公共性を考える――教師性の脱構築の視点から」（『QEST』六号、オルタ・フォーラムQ、二〇〇〇年三月）である。このうち、小玉（2000）に対する批判としては、藤本（2001）を参照。教育思想史学会コロキウムおよび早稲田国際シンポジウムにおける共同発表者の田中智志、今井康雄、松浦良充の各氏、および、『QEST』誌への執筆の機会をいただいた池田祥子氏に謝意を表する次第である。

（2）この視点から、一九五〇年代におけるコア・カリキュラム連盟批判とそれ以後の教育実践や教育運動の教科を中心とする再編成、そのコロラリーとしての教科外教育の周辺化といった事態について、再検討する必要がある。この論点と関わって、たとえば尾崎ムゲンは、教育科学研究会

（教科研）が、歴史教育者協議会（歴教協）、数学教育協議会（数教協）などと並んで、「戦後の新教育批判を前面に押し出し、コア・カリキュラム連盟などの運動と激しく対抗した」と述べる（尾崎 1999:180–181）。また、竹内常一は、「数教協・歴教協・教科研に属する人々」が「教育内容の現代化の観点から戦後民間教育運動の再編を情熱的に追求した」のは「マルクス主義の立場に立つと思われた教育研究者がかれらの科学主義的な批判を直接支持はしなかったとしても、それを許容していたからではなかったか」という疑問を呈し、「そうだとすると、マルクス主義に立つ教育研究者が六〇年代論争にたいしてどのようなスタンスをとったのかが明らかにされないかぎり、その全貌と構造が解明されないのではないか」という問題を提起している（竹内 1995: xix-xx）。これらの問題は本章の主題と密接に関連するものであるが、個々の詳細については、あらためて論じる機会を持ちたい。戦後の生活指導運動と教師の権力性批判との関係については、千葉（2003）も参照されたい。

（3）戦後日本で企業社会が福祉国家を代替し、政治的意味空間が脆弱なものにとどまった点については、第三章で詳述するが、渡辺（1991）、佐々木（1991）を参照。

（4）埼玉教育塾と生活指導運動との間に組織的な連携や交流があったわけでは必ずしもなく、その直接的影響は、あくまでも以下に述べるような生活指導運動の一実践家「C氏」による諏訪の思想と実践に対するそれとして現れる。だが、諏訪の思想と実践が埼玉教育塾の思想と実践の性格を大きく規定するものである以上、生活指導運動が埼玉教育塾の思想と実践に与えた影響を過小評価することはできない。諏訪によれば、「全共闘運動にシンパシーを持ってきたC氏や私（たち）にとって、戦後民主主義的な『ことば』を発することがすでにひとつの欺瞞でしかないことが共通に了解されていた。『ことば』を発するのではなく、戦後民主主義的に『生き、行動する』ことこそ新しい課題だと考えた。そういう認識からクラス作りや行事にのめり込んでいく。これは戦後教育のなかの『生活指導運動』の成果に学んだものであるが、こうして想い返してみると、『生活指導運動』が戦後の『かなた』崇拝的風潮から脱し、日本ローカルなものに教育を変えようとした土着的な運動であることがよくわかる。」という（諏訪 1998:70）。

（5） 諏訪は最初の単著の「あとがき」で、「思想的恩人ともいうべき三人の先輩」として教育学者の五十嵐良雄、高校教師の千葉律夫、九州・柳川市民の武田桂二郎の名を挙げている（諏訪 1989:293）。千葉律夫は高生研（全国高校生活指導研究協議会）の常任委員を務めた中心的実践家の一人である。「C氏」とは、この千葉のことであると考えられる。千葉は後の論文で、「いわゆる個体存在とでもいうべき自分は、関係存在とでもいうべき〝自分〟を媒介にして他者（外界）と交流する。そして、こうした事情は、もちろん生徒にあっても同様であり、したがって実践上の課題は、教師の側の〝自分〟をたてつつ、生徒それぞれの〝自分〟をどうたてさせていくかにあるものであって、生徒の心理の解釈や操作にあるのではない」と述べるが、この千葉の認識は「『関係性』を通じての意思疎通」という諏訪の認識と符合している（千葉 2001:69–70）。

（6） 一九八〇年代までの彼らの理論とその意味を検討したものとしては、長谷川（1990）、長谷川・小玉（1991）を参照。

（7） 諏訪自身は、客観的な認識として、「旧い形の学校システム」が「いまや限界に直面している」ことを否定してはいない。問題は、学校の役割としての市民形成の内実をなす市民像の変容、すなわちシティズンシップの変容をいかにとらえるかという点にあると思われる。この点についてはさしあたり、小玉（2003）を参照されたい。

（8） この点と関わって関曠野は、プロ教師の会を「戦後もっとも明確に教師自身の手で教師論を展開した」グループとして高く評価しつつ、「かれらが新しい『公』という議論を構築できなかったこと」を批判している（関 1998）。

（9）バトラーやラクラウの脱構築論とジジェクの反脱構築論の対立は、アルチュセールの再生産理論をいかに継承するかをめぐる対立として読むことができる。この論点については斉藤（2001）も参照。筆者は、脱構築論の立場から再生産理論を内在的に継承することが可能であると考えているが、この点については第五章でさらに展開する。また、小玉（1999）も参照されたい。

第三章　自由化のパラドクスと「政治」の復権

1　「短い二〇世紀」――転換期としての一九九〇年代

一九八九年の冷戦終結を機に、各国の知識人たちは、一九九〇年代を歴史の転換期としてとらえ、その思想的意味を問う作業に着手している。

たとえば、アメリカの政治学者フランシス・フクヤマは、ソ連邦崩壊の翌年（一九九二年）に『歴史の終わり』を著し、冷戦終結が一つの時代の終わりと新しい時代の始まりを意味することを説いた（Fukuyama 1992）。また、イギリスの歴史学者エリック・ホブズボームは、二〇世紀の歴史を総括した著書において、ロシア革命の一九一七年からソ連邦崩壊の一九九一年までの「短い二〇世紀」という表現を用い、一九九〇年代以降、世界が事実上新しい世紀に入ったことを告げた

(Hobsbawm 1994)。

アメリカ保守派のイデオローグであるフクヤマと、イギリス左翼の支柱ともいうべきホブズボームは、その理論的立場を全く異にする。にもかかわらず、両者は、一九九〇年代に世界史の転換点を見いだそうとしている点で、共通の視点にたっている。そして、後述するように、現実の政治と教育においても、欧米では一九九〇年代以降、それ以前とは異なる新しい質の動きが開始された。

これと同様の動きは、日本の一九九〇年代にもたしかに存在した。冷戦構造の崩壊は、国内のイデオロギー対立の様相に変化を及ぼし、一九九三年の細川政権の成立を機に、戦後政治体制を規定してきた自民党単独政権による「五五年体制」は崩壊した。同時に、一九九〇年代初頭の「バブル」経済崩壊によって高度成長を支えてきた社会構造が揺らぎはじめ、それと連動して、教育においても、「偏差値追放」、「新しい学力観」といった新しいコンセプトによる教育改革の政策化が開始された。

これら各国における一九九〇年代の経験に共通しているのは、一九六〇年代以降の公教育の拡充とそれによる社会的平等の実現というパラダイム（認識枠組み）に対する、理論的な反省と総括のうえに立って展開されているという点である。

しかしながら、日本の一九九〇年代は、アメリカ、イギリスなどとその歴史的文脈を共有しつつも、ある根本的な点において、それら欧米諸国とは異なる特質を有していた。それは、一九六〇年代をいかに経験したかの違い、ひとことで言えば、日本の六〇年代における福祉国家の脆弱性という問題である。これはしばしば見失われがちなポイントであるが、九〇年代以降の日本の諸「改革」言説の意味を見きわめるうえで、この点を確認しておくことは決定的に重要である。

以上の問題意識から、本章では、まず次の2節でイギリスとアメリカ、3節では日本に即して、一九六〇年代から一九九〇年代への流れを概観し、両者を比較する。それによって、六〇年代の経験の相違が日本における九〇年代の特徴にいかなる影響を与えているかを確認する。そのうえで、4節では、これまで規制緩和、自由化といったことばで特徴づけられることの多かった一九九〇年代以降の日本の教育改革の動向を、「政治」の復権という、やや異なる文脈のなかに位置づけることによって、その思想史的な意味をとらえ直す。特にその際、シティズンシップ（市民性）の組みかえという点に注目し、公教育の構造変容を把握するための一つの視点を提起したい。そしてそこから、5節では、一八歳選挙権の成立に至る二〇〇〇年代以降の歴史的文脈を明らかにしていきたい。

2　英米における福祉国家の再編と「第三の道」

(1) 福祉国家的教育改革

イギリスやアメリカでは、一九六〇年代に、社会民主主義的な政権下で政府主導の教育改革が推進された。イギリスでは一九六四年に労働党が政権復帰し、中等教育の単線化をめざすコンプリヘンシブ化が推進された。アメリカでは、民主党政権のもとで、一九六四年の公民権法（Civil Rights Act of 1964）と経済機会法（Economic Opportunity Act）、一九六五年の初等中等教育法（Elementary and Secondary Education Act）を通じ、連邦政府がマイノリティや貧困階層に対し教育拡充のための財政援助を行った。これら一連の施策を支えていたのは、「社会的経済的背景を異にする各グループ及びそれに属する個人に対して、それぞれ、その置かれた環境の劣悪さに比例して教育サービスを傾斜的に分配する」という福祉国家的な再分配の考え方にほかならなかった（黒崎 1989:25）。

（2）福祉国家の再編と新保守主義の台頭

しかし、一九六〇年代末から一九七〇年代にかけてのいわゆる後期資本主義における正統性の危機（Habermas 1976）以降、福祉国家的な政策に対する批判がしだいに強まり、一九八〇年代にそれぞれ労働党、民主党から政権を奪還したイギリス保守党のサッチャー、アメリカ共和党のレーガンは、福祉国家批判を前面に掲げた教育改革を展開する。サッチャー政権は、一九八八年教育改革法によって平等（equality）から質（quality）へと教育政策の理念を転換し、「脱コンプリヘンシブ化」へと舵をきった（志水 1996:401）。レーガン政権も、一九六〇年代の「貧困との戦い」および「偉大な社会計画」に代表される平等な社会の実現をめざす教育改革の基本理念を転換して、教育の質的な向上と卓越性（Excellence）の実現が前面に掲げられることとなった。その象徴が、「教育の卓越性に関する全国審議会」が一九八三年に出した答申『危機に立つ国家』であった。

このように、サッチャー、レーガン政権下での一九八〇年代の教育改革は総じて、一九六〇年代の労働党、民主党下での福祉国家路線を市場原理の再評価によって転換するという性格を強くもっていた。その意味で、この時期の改革が反左翼、反福祉国家という冷戦構造を反映したきわめてイデオロギー的な色合いを帯びていたことは否定できない。それが新保守主義とよばれた（イギリスでは新自由主義ともよばれた）ゆえんもここにある。

（3）新保守主義の失速と「第三の道」

しかしながら、そうしたサッチャー、レーガンの路線は他方で、内部に矛盾をはらんだ危うい基盤のうえに成立していた。すなわち、一方でこれらは市場原理を重視し分権化と規制緩和を志向しつつ、他方では、ナショナルカリキュラムや『危機に立つ国家』に示されるような教育への強力な国家統制を志向するという整合性のなさ、矛盾をはらんでいた。そうした矛盾を整合的に結びつける論理は、当時の保守主義の政権下においては、必ずしも明確な形では存在していなかった(1)。冷戦終結を機に、そのような保守主義の内部矛盾が露呈し、イデオロギーとしての保守主義の「失速状況」（佐々木 1993:137）が顕在化していく。

このような保守主義の失速をうけ、一九九〇年代に保守主義に代わって台頭したのが、「第三の道」という新しい社会民主主義の流れであった。アメリカでは一九九三年に民主党のクリントンが大統領に当選し、イギリスではブレアが一九九四年に労働党党首となり一九九七年には「ニュー・レイバー」を掲げて保守党から政権を奪還した。

ブレア政権の理論的支柱であるアンソニー・ギデンズは、著書『第三の道』で、それを「旧式の社会民主主義と新自由主義という二つの道を超克する道、という意味での第三の道」であると定義する。その具体的プログラムとしては、「コミュニティの再生」によって「アクティブな市民社会」をつくること、そして、「市民権の尊重」や「公共空間に参加する権利を保証すること」などを骨子とする「包摂（inclusion）としての平等」等が提起された（Giddens 1998）。

つまり、ここでいう「第三の道」は、一九六〇年代の福祉国家論にもとづく「旧式の社会民主主義」（第一の道）とは明確に異なるものではあるが、そこで重視された「平等」の理念は形を変えて継承しようとする。同時に、一九八〇年代のサッチャー、レーガンの路線（第二の道）の市場化、分権化のモチーフについても、「アクティブな市民社会」の構築につながりうるものは積極的に取り入れようとする。その意味でこれは、福祉国家論における平等のモチーフと市場論における分権化のモチーフを融合した新しい社会民主主義であるとされた。

この「第三の道」を教育改革において具体化したモデルの一つに、アメリカのチャータースクールがある。これは一九九一年に生まれた新しい公立学校制度で、州法で定められた機関で認可されれば誰でも自由に公立学校を創設、運営できるという、一種の公設民営の形をとった公立学校制度である。チャータースクールはクリントン政権の教育政策にも積極的に取り入れられ、フィンらはこのチャータースクールの理念を、「『穏健な社会主義』と『穏健なサッチャーリズム』の間の第三の道」として位置づけている（Finn, Manno, Vanourek 2000:222）。

以上で概観したように、アメリカ、イギリスにおける一九九〇年代教育改革の特徴は、一九六〇年代以降の公教育の拡充とそれによる社会的平等の実現という福祉国家的パラダイムに対する自己批判と、その再定式化としての新しい社会民主主義（第三の道）の台頭としておさえることができる。

3　日本における福祉国家の脆弱性と「政治的意味空間」の未形成

（1）脆弱な福祉国家

以上のような一九六〇年代から一九九〇年代にかけてのアメリカ、イギリスの軌跡と比較すれば、日本の特徴は何よりもまず、一九六〇年代における福祉国家の脆弱性という点に求められなければならない。たしかに、日本でも一九六〇年代は後期中等教育の進学率増加に示されるように、公教育が飛躍的に拡充した時代であった。しかし、そこで福祉国家的な政策が果たした役割は、決して大きなものではなかった。

一九六〇年代における政府の教育政策の基調は、一九六三年の経済審（経済審議会）答申、およびそれをうけた一九六六年の中教審（中央教育審議会）答申「後期中等教育の拡充整備について」

に示されている職業科を重視する後期中等教育の多様化（多元的能力主義）政策であった。しかし、乾彰夫、苅谷剛彦らの研究によって明らかにされているように、実際に実現したのはそれとは正反対の、「一元的能力主義」、あるいは「能力＝平等主義」に規定された普通科中心の高校進学、高校増設であった。つまり、一九六〇年代の日本では、政府の政策意図には必ずしも沿わない形で、公教育の拡充、「大衆教育社会」の形成がなされたのである。その際、政府の政策に代わって機能したのは、企業社会における「一元的能力主義」の選択、および、学校と家族における、特定の職能や階層性への特化を先送りする「能力＝平等主義」の普及であった（乾 1990、苅谷 1995）。企業による新規学卒者の一括採用にもとづく学校と企業社会との結びつきのなかで、学校教育が企業でのトレイナビリティ（訓練可能性）と忠誠能力を養成し、また、企業戦士と受験戦士を支える家族がこの学校と企業との結合にリンクするという、家族、学校、企業社会のトライアングルの構図が、ここに形成された(2)。

イギリス、アメリカの場合、先述のように、労働党や民主党など、社会民主主義ないしはリベラル左派的な志向性をもつ政権の政治的意思に強く主導された福祉国家政策が、公教育拡充の中心的役割を果たした。これに対して日本の場合には、非政策的な次元での、家族、学校、企業社会のトライアングルが、福祉国家を代替したのである。この点に、一九六〇年代の公教育拡充における日本的な軌道の固有性を見いだすことができる。

その要因としてはすでにいくつかの点が指摘されている。第一に、年功的職場秩序や終身雇用制などによって労働者を企業内部に統合する、「企業社会」や「会社主義」とよばれる、日本に特有の労働市場が挙げられる。第二に、そうした労働市場に子どもを送り出す学校や家族など、「教育の側」の論理の固有性とその強力さである。[3] そして第三に、企業社会に労働者とその家族を統合、馴化することによって、そうした人々の要求の政治的顕在化（政治化）を抑止してきた「五五年体制」下の政治構造である（渡辺 1991）。政治学者の佐々木毅は、特にこの第三の点に着目して、戦後日本の社会構造を「政治的意味空間の解体」として特徴づけている（佐々木 1986:28）。[4] 一九六〇年代以降の日本における家族、学校、企業社会のトライアングルは、この三つの要因が構造的に接合した結果であると、とらえることができるだろう。

このように、イギリスやアメリカと異なる一九六〇年代の日本的特徴は、政治的意味空間の解体による脆弱な福祉国家としておさえることができる。この点を確認しておくことは、日本における一九九〇年代以降の「改革」の意味を考えるうえでも、決定的に重要であると思われる。

(2) 一九六〇—八〇年代の連続性

一九七〇年代から八〇年代にかけて、イギリス、アメリカをはじめ西欧諸国は福祉国家の正統性の危機を経験し、それへの対応として、一九八〇年代にサッチャー、レーガンらによる反福祉国家的政策が展開されたことは先述の通りである。これに対して家族、学校、企業社会のトライアングルが福祉国家を代替した日本の場合、問題が政治化する前に社会レベルで処理されることによって、こうした正統性の危機の政治的顕在化が抑制されてきた。

たしかに、日本でも一九八〇年代に臨教審（臨時教育審議会）における自由化論や公共企業体の民営化論など、当時の中曽根政権下での新自由主義的な改革路線が存在した。政治学者の大嶽秀夫は中曽根政権のもとでの改革をレーガン、サッチャーと同一の文脈に位置づけ、「小さい政府、規制緩和、民営化などを旗印」とした「レーガン、サッチャー、中曽根などの政権」によって行われた「八〇年代の自由主義的改革の流れは、その後一九九〇年代に入って、若干の変化を見せながらも、基本的には継続している」と述べる（大嶽 1994:9）。

しかしながら、一九八〇年代の日本については、むしろアメリカ、イギリスとの異質性に注目する見解も存在する。たとえば先述の佐々木毅は、八〇年代の規制緩和政策における日本的特徴として、「すでに成立しつつあった民間セクターの社会的権威に便乗し、活用する」方法に注目し、それは構造改革を伴った欧米と比べて「現実との連続性がはるかに強い」ものであったとし、そこに、欧米とは異なる「日本の行財政改革の脱政治性」を見いだしている（佐々木 1991:379）。

このように一九八〇年代の自由化、行政改革をいかに位置づけるかについては、政治学者の間に見解の対立があった。一般には大嶽のような理解が通説的な位置を占めていると思われるが、一九九〇年代以降の流れをふまえ、八〇年代と九〇年代の間の政策課題の相違に注目するならば、むしろ一九六〇年代から八〇年代までの連続性を強調する佐々木の分析の方に、より説得性があるというべきである。

たとえば竹内常一は、「ゆとりの時間」が創設された八〇年代の学習指導要領と九〇年代の学校五日制とを比較し、「両者は、子どもの保護と教育の公的保障を量的に切り下げるものであるという点では共通している」としつつ、そこにある根本的な相違に注目すべきであるという。竹内によれば、八〇年代学習指導要領の場合、「親たちは、学力の公的保障の切り下げぶん、またはそれ以上を塾・予備校の教育サービスの購入によって埋めあわせよう」とし、そのために「よりいっそうの長時間労働をひきうけるか、パート労働にでなければ」ならず、その意味において、「親の『企業戦士』ぶりと子どもの『受験戦士』ぶりとは表裏一体のものであった」。これに対して、九〇年代の学校五日制は、「親の週休二日制と不可分」で、「石油ショック以来の長時間労働と長時間勉強から親子を解放するもの」として、いいかえれば、「『企業戦士』からの親の解放と『受験戦士』からの子どもの解放とを統一的に進めるものとして登場してきている」という（竹内 1993:137‒139）。つまり、八〇年代の改革は、一九六〇年代以降の一元的能力主義、あるいは能力＝平等主義を支えてきた家族、学校、企業社会のトライアングルを前提とし、その有効な活用をはかろうとするものであったのに対し、九〇年代の改革は、このトライアングルを解体、再編しようという文脈で行われようとしており、両者の間には、政策課題の力点に変更があるというわけである。

佐々木や竹内の指摘をふまえれば、一九八〇年代までの段階では、家族、学校、企業社会のトライアングルをなお有効に活用することが、行政改革の基調であったということになる。その意味において、レーガン、サッチャー的な新保守主義、新自由主義的改革は、一九八〇年代の日本では、政治的な改革路線としては必ずしも存在していなかったということができる。

(3) 一九九〇年代「改革」の両義性――「政治的意味空間」の未形成

福祉国家と資本主義の体制がグローバルな再編に直面し、その構造が転換しはじめた一九七〇年代以降、日本でも企業での過労ストレスや学校でのいじめ、受験等によるストレス、家庭での育児ストレスなどの諸問題が家族、学校、企業社会のトライアングルに蓄積されてきた。だが前項でもみたように、少なくとも一九八〇年代までは、全体としてはそれらが体制の根幹を揺るがすにはいたらず、トライアングルは維持されてきた。そのなかで、良くも悪くも、学校を卒業すれば何とか安定的な雇用が得られ「中流」以上の生活が保障されるという「平等」意識がそれなりの広がりと定着を見せた。ところが、一九九〇年代以降、「バブル」経済が崩壊し労働市場にも大きな変化が起こり、この家族、学校、企業社会のトライアングルそれ自体の構造を改革しようという動きも顕在化する。

そうした状況のもとで、一九九〇年代の教育改革は、戦後高度成長を支えてきた家族、学校、企業社会のトライアングルの取り扱いをめぐり、大きくは二つの流れのせめぎ合いのなかで展開されたということができる。その一つは、高度成長期以降に形成された家族、学校、企業社会のトライアングルの現状を極力維持し、その有効な活用をはかろうという流れである。もう一つは、一九九〇年代以降新たに台頭した流れで、このトライアングルの解体、再編によって戦後社会の構造改革を行おうとする流れである。

文部省（二〇〇一年一月から文部科学省）を中心とする一九九〇年代の教育政策は、先述の竹内の指摘にもあるように、前者の流れから後者の流れへの転換を志向しているかにみえる。たしかに、一九九一年の第十四期中教審答申がうちだした高校教育の新たな多様化、同年の学習指導要領改訂における「新しい学力観」、一九九二年の埼玉県教委による偏差値排除をうけた一九九三年の文部省による偏差値排除という一連の動きは、「一元的能力主義」から「多元的能力主義」への転換によりその後の教育課程における規制緩和の方向性を決定づけるものとして評価することも可能である（竹内 1993:144–151）。また、一九九七年一月の文部省通知「通学区域制度の弾力的運用について」、一九九八年の中教審答申「今後の地方教育行政の在り方について」等による、教育行政における分権化と権限委譲、規制緩和の流れも、九〇年代の新しい動向とみることができる。

しかしながら、こうした一連の政策変更は、必ずしも決定的なものであるとはいえなかった。むしろ、家族、学校、企業社会のトライアングルに象徴される日本型戦後「平等」社会を維持するのか、それとも変えるのかをめぐる、現状維持派と構造改革派の綱引きとでもいうべき状況は一九九〇年代を通じ決着をみることなく存続し、それに対する政策的な判断は一貫して先送りされてきた。

たとえば、荻原克男は、一九九〇年代の先述のような一連の政策転換は事実であるとしつつ、それはあくまでも政策「内容」の転換にすぎず、それを実施する政策「形式」は、従来型の行政コミュニケーション形式が相変わらず持続していたと述べる。すなわち荻原によれば、規制緩和と分権化を「内容」とする政策が、その実施「形式」においては、「中央教育行政当局がその方向を提示し、それを既存の教育行政システムを通じて指導、勧奨する」という従来型の官僚統制によって行われており、一九九〇年代以降の文部省主導の教育改革には、その形式と内容の間に矛盾があるというのである。この荻原の指摘は、政府や文部省の「改革」が、その名目とは逆に、官僚統制という従来的な性格をその根幹において変えていないことを論証するものとして、注目される（荻原 2001:23）。

このような現状維持なのか構造改革なのか不明確な曖昧な性格をもつ一九九〇年代「改革」の両義性は、何に由来するのだろうか。その一つの鍵が、先に述べた一九六〇年代経験の日本的特殊性にあると思われる。

すなわち、イギリスやアメリカでは、一九六〇年代の福祉国家（第一の道）から一九八〇年代の新保守主義による福祉国家批判（第二の道）をへて、一九九〇年代の新しい社会民主主義（第三の道）に至るというように、問題をはらみつつも政権交代を伴う政策転換がまがりなりにもなされてきた(5)。これに対して、日本の場合、すでに見たように、第一の道と第二の道の双方が不在のまま、一九九〇年代に突入している。そこでは、政策課題の変更等を議論しそれを公共的に明確化する政治的意味空間が形成されていない。それゆえ、規制緩和のために官僚統制がなされるというダブルバインド状況に陥っていたということができる。

この政治的意味空間の未形成という問題は、一九九〇年代以降の日本の公教育改革に、二重の課題を突きつけている。第一は、日本に固有の問題で、政治的意味空間を形成してこなかった戦後民主主義を批判的に問い直すという課題である。第二は、グローバルに日本を含む各国共通に直面する課題で、第三の道以降の新しい歴史的文脈の性格、具体的には、次節で述べるシャンタル・ムフらによって指摘されている「政治」の復権という文脈を押さえるという課題である。

4　自由化のパラドクス

(1)「政治」の復権

一九九〇年代の「第三の道」という文脈で進行した公教育改革の特徴は、学校選択と学校創設の自由を認めるチャータースクールのような、規制緩和による教育の自由化として、ひとまずはとらえることができる。だが、ここでの規制緩和や自由化には、自由化をめぐるパラドクスとでもよぶべき情況がある。

たとえば、チャータースクールの場合、いかなるものを公共的な教育とみなすかについての認定や資格付与、結果のアカウンタビリティを評価する基準や方法は、各州の立法で定めることになっている。その場合、立法やアカウンタビリティを問う過程で、官僚統制の場合よりも政治的な争点が教育の場面に顕在化する可能性が高まる。現実にチャータースクール法の制定過程と実施過程を比較検討した研究では、チャータースクールの創設をより容易にする強いチャータースクール法が制定されるかどうかは各州の政治力学にかかっているという事実が指摘されている(Hassel 1999)。ここに、規制緩和と自由化のためには強い政治が必要であるという自由化のパラドクスをみることができる。

一九六〇年代の福祉国家的な平等化政策では、先述のように、政策課題の中心は所得の再分配であって、この再分配を担当する公的セクターは政治的には中立的であるという前提が存在した。これに対して、ナンシー・フレイザーが一九九〇年代以降の課題を特徴づけているように、今日、公的なセクターは、経済的な「再分配」だけでなく、ジェンダーやセクシュアリティ、民族的マイノリティなど文化的な諸アイデンティティの「承認」の問題にも、強く関与せざるを得なくなっている(Fraser 1995)。[6] そうだとすると、公的なセクターが政治的に中立的であるという前記の前提は崩れ、公教育もまた、そうした政治的な対立、争点から中立ではあり得なくなる。チャータースクールのような教育の自由化の方向性は、それをつきつめていくと、そうした教育の政治化につながるモメントをうちに含むことになる。たとえば、アボヴィッツは、チャータースクールを福祉国家の再編という新しい政治の状況に位置づけ以下のように述べる。

「進歩主義運動が期待するようなインパクトをチャータースクールがもち得るためには、フレイザーの経済的再分配と文化的承認をめぐる構造改革的戦略に依拠した基準を用いて、チャータースクール法がデザインされなければならない。…(中略)…私のここでの主張は、単にチャータースクールが被抑圧集団のための社会的正義の可能性をはらんでいるということだけにあるのではない。チャータースクールのすべての生徒の成功を手助けするための適切な分配と承認の原理を実施できる強いチャータースクール法を求めているのである。」(Abowitz 2001:164–166)

このような福祉国家の再編以降の新しい政治の問題状況を、シャンタル・ムフは「政治」の復権(翻訳では「政治的なるものの再興」)とよぶ(Mouffe 1993)。ムフによれば、「政治」(the political)とは、文化的な承認をめぐる諸アイデンティティの相克など、「多様な社会関係で生じ得る敵対関係の次元」を示すもので、現実の政治の前提条件をなすものである。ムフにとって、民主主義の目標は、こうした敵対関係(antagonism)を解消することではなく、むしろそれを「異なった仕方で構築する」こと、すなわち、「敵同士の間の『敵対関係』と、対抗者間の「闘技(agonism)」という二つの関係」を区別し、「『敵対関係』を『闘技』に移行すること」であると述べ、それを「闘技」民主主義とよぶ(Mouffe 2001:29–31)[7]。

ムフは、このような民主主義の闘技モデルの視点から、伝統的な「左派/右派の対立は、正統な紛争に形式を付与し、それを制度化する手法」として「再定式化されるべき」であると述べ、「左右の対立を越えた『第三の道』への要請は退けられるべき」であるとして、「第三の道」論を批判する。ただ、同時にムフは、自らが提起する民主主義を「ある種の『ポスト・社会民主主義的』政治の形態」であるとも述べている(Mouffe 2001:31–33)。つまりムフがブレアらの「第三の道」論を批判するのは、新しい社会民主主義を志向する一九九〇年代の潮流それ自体への批判ではなく、むしろその趣旨を徹底させる見地からのものであった見ることができる。(8) ムフは、そうした民主主義のユニットは従来の国民国家のレヴェルにも、グローバルなレヴェルにも還元され得ず、両者のレヴェルを含んだ「新たな形態の多元主義」とそれを担う「民主主義的シティズンシップ」が重要であるという。

福祉国家の再編とそれに伴う自由化、規制緩和は、従来、ともすれば、政治の解体→市場の復権という構図のなかでとらえられることが多かったのではないか。しかし、以上でみてきたことから明らかなように、自由化は、政治の解体ではなく、むしろ「政治」の復権とそれに伴う民主主義的シティズンシップの形成というパラドキシカルな課題を浮上させる。このシティズンシップの問題は、それが公教育をつくる担い手と公教育がつくる人間像の両方に関わるだけに、公教育の再編という一九九〇年代以降の文脈を考えるうえでも中心的問題を構成する。そこで次に、日本の場合に即して、この問題を考えたい。

(2) シティズンシップの組みかえ

ジョーンズとウォーレスによれば、イギリスでは福祉国家のもとで、家族（親）との関係から国家との関係への移行が、子どもから大人への移行と結びついてきた。すなわち、学校を卒業し親の保護を離れて自立し、国家との契約関係にはいることによるシティズンシップの獲得が、成人期への移行を画するメルクマールとして機能してきたというのである。これは、奨学金や社会保障など自立をサポートし、親への依存関係を切断するような福祉国家的諸制度によって支えられてきた。しかし、福祉国家の再編によってそうしたシティズンシップの獲得と、それによる成人期への移行が困難になりつつあるという（Jones and Wallace 1992）。

同様の問題は、形を変えながらも、日本の一九九〇年代以降にも存在する。一九六〇年代から八〇年代までの日本では、先述のように、家族、学校、企業社会のトライアングルが福祉国家を代替してきた。そこでは、学校を卒業して就職すること（社会人になること）が、成人期への移行のメルクマールとして機能してきた。卒業＝就職＝親からの自立＝大人というように、大人になるということが、家族、学校、企業社会のトライアングルのなかで位置づけられていた。しかし、すでにみてきたように、この家族、学校、企業社会のトライアングルの構図が一九九〇年代以降再編の局面に入り、それとともに、「子供を子供として処遇する福祉・教育・司法制度への批判的な論調」が台頭し、大人と子どもの線引きが揺らぎつつある（広田 2001:365）。たとえば、高卒無業者層の増加、「荒れる」成人式、「ひきこもり」、少年犯罪における刑事責任をめぐる議論、未成年の性的自己決定権をめぐる議論等に象徴されるような、大人と子どもの境界線の揺らぎのなかで、「青年期から成人期への移行に関する巧妙な日本的システムが崩壊しつつある」（耳塚 2001:103）という現実が指摘されてきた。

この成人期への移行の困難性という一九九〇年代以降顕在化した問題は、公教育の再編がいかになされうるかに関わる中心的な論点を構成する。特に日本の場合、この問題は先に述べた政治的意味空間の未形成に由来する二重の課題に対応する形で、以下の二つの課題に分節化して把握することができる。

第一は、日本の戦後民主主義において政治的意味空間が未形成であったために、成人期への移行を画するメルクマールとしてのシティズンシップという概念が根づいてこなかったという問題である。教育改革国民会議（二〇〇〇年）の第一分科会での奉仕活動の義務化の議論など、戦後民主主義批判から個人と国家との関係を再構築しなければならないとする議論も、一面においてはこうした文脈から理解することができる（曽野 2000）。しかし、そうした戦後民主主義批判論は、ともすれば、個人と国家との二項対立的な把握を前提に個人が国家に対して義務を果たすという側面に比重をおいて議論され、市民が国家の意思決定に参加しそこで政治的判断力を行使する側面が捨象される傾向がある。シティズンシップという場合には、市民と国家との関係は二項対立的なものではなく、市民の政治参加それ自体が国家を構成するという関係を含んでおり、その意味で、この課題は戦後民主主義の否定ではなくむしろその「バージョン・アップ」、あるいは「リハビリテーション」としてとらえられるべきものであると考えられる（後 1997、大塚 2001）。

第二はグローバルに日本を含む各国が共通して直面する課題で、福祉国家的なシティズンシップという概念をいかに組みかえるかという課題である。

一九世紀以降の福祉国家的なシティズンシップの特徴を、ジョルジョ・アガンベンはミシェル・

フーコーやハンナ・アレントの議論を参照しつつ「生物学的な生」と「政治的な生」の同一視としてとらえる。すなわち、近代以前には人間の生物学的な生と政治的な生は必ずしも同一視されていたわけではなく、政治的に無権利の人々が経済活動を営み生活していたが、フーコーが明らかにしたように、特に一九世紀以降、生命をいかに効率よく活用するかが権力の主要な関心事となり、生物学的な生と政治的な生は一体のものとしてとらえられるようになっていく。前章でもみたように、この生物学的な生と政治的な生の一体化を、アレントは、私的な領域と公的な領域が一体化した「社会的なるもの」の勃興としてとらえた（Agamben 2000:138）。

これに対して、一九九〇年代以降の福祉国家再編のなかでグローバルに問われているのは、福祉国家的シティズンシップを規定してきた「生物学的な生」と「政治的な生」の一体化という「社会的なるもの」の枠組みが崩れはじめているという事態である。そうした事態のなかで、「社会的なるもの」を組みかえ、経済的な自立と政治的な自立の新しい分節化をいかに行うかという課題が浮上しつつある。いいかえれば、福祉国家的な枠組みのもとで統一的に解釈されてきた生活者としての経済的な自立と、市民としての政治的な自立とを、いったん切り離し、両者を関連しつつも相対的には別個の課題を含むものとして考えていくべき段階に入りつつあるのではないかということである。

生活者として経済的に自立できる能力は、各人のキャリアー形成に応じて今後多様化し、職種によってはその獲得期間が長期化していく可能性がある。同時に他方で、政治的には現行よりも早い年齢段階でのシティズンシップを、ある種の共通教養としてすべての青年に対し保障していくことが、重要な政策課題として浮上していく。

前者の経済的自立に関しては、後期中等教育と中等後教育の接続、専門教育と職業教育の再編の課題として議論される必要性があるが、これはことがらの性格上、公教育の領域のみに特化されない、より多領域におよぶ課題とならざるを得ない。これに対して、後者の政治的自立に関しては、後期中等教育までの公教育が特に責任を持つべき領域として特立していく。二〇一五年の一八歳選挙権と政治教育の復権はその延長線上に位置づくものである。

5　教育の再政治化と一八歳選挙権の成立

戦後教育学の言説は、教育は非政治的であるべきであるという観念を再生産してきた。そうした観念は、家族、学校、企業社会のトライアングルが福祉国家を代替してきた「五五年体制」のもとで、それを支えるという意味での政治的な機能を果たしてきたということができよう。だとすれば、一九九〇年代以降の日本の教育に問われていたことは、そのような非政治的な言説の政治的機能を批判的に問い直しつつ、教育の再政治化を追求するという、いわば二重の意味での、教育における政治の復権であった。

シティズンシップの問題は、そうした教育の再政治化の方向性を考える上での一つの鍵となり得る。それは、単に公教育によって教育される人間像やカリキュラムにのみ関わるものではない。公教育を評価するアカウンタビリティの基準にもなり、また、公教育をつくる担い手の問題とも関わる。その意味で、シティズンシップは、教育の制度と実践をつなぐ論理を導くものであり、また、市民によって市民を教育するという公教育に本来的にはらまれている再帰的な性格を指し示すものでもあるのである。

このシティズンシップの問題は、それが公教育をつくる担い手と公教育がつくる人間像の両方に関わるだけに、公教育の再編という九〇年代以降の文脈を考えるうえでも中心的問題を構成していくこととなる。

本章で見てきたような一九九〇年代以降の日本社会における政治の復権というべき状況は、二十一世紀以降の教育に関わって前節でみたように二つの課題を浮上させた。あらためていえば、第一は、日本の戦後民主主義において政治的意味空間が未形成であったために、成人期への移行を画するメルクマールとしてのシティズンシップという概念が根づいてこなかったという問題である。この問題は一八歳選挙権を含む成年年齢の引き下げ問題とも関わって、以後の教育改革における一つの論点を構成していく。第二は、グローバルに日本を含む各国が共通して直面する課題で、福祉国家的なシティズンシップという概念をいかに組みかえるかという課題である。前章でみたように、政治的自立の特立という課題がそこから導出されるという意味で、ここでも一八歳選挙権をテコとした政治教育のテーマが浮上してくる。

つまり、一九九〇年代以降の日本社会における政治の復権というべき状況は、脆弱な福祉国家の再建という課題と、ポスト福祉国家的状況のものでのシティズンシップの組みかえという課題という、いわばコンテクストを異にする二つの課題を同時に引き受けざるを得なくさせているということができる。ここに、福祉国家の再定義とポスト福祉国家的政治という二重の課題に直面する日本的文脈のもつジレンマが存在する。二〇一五年の一八歳選挙権の成立は、この二つの課題の両方と関わっており、その意味で、ジレンマを突破する鍵的な位置にある。

このジレンマを直視しつつ、教育の再政治化を引き受けるためには、教育政治学という新たな理論枠組みが要請される。本書の第Ⅱ部ではこの課題を正面から取り上げることにしたい。

註

（1）たとえば大田直子は、「保守党内の近代主義者と伝統主義者との対立」に注意を促す。また、久冨善之は、「英・米その他の規制緩和教育改革の方を手放しで評価するようなことはできない」としつつも、「それらの国々の改革のなかにある生徒・父母の学校への参加・アクセス権の確立と個別学校の自治」が、「教育制度における民主主義の重要な前進であることは間違いない」と評価する（大田 1994:193、久冨 1998:60–61）。

（2）家族、学校、企業社会のトライアングルについては、小玉（1996）、小玉（2001）を参照。

（3）第一の要因と第二の要因のいずれをより重視するかという論点については、苅谷（1991）と乾（1992）を参照。

（4）長洲一二、中岡哲郎、持田栄一など、構造改革論の流れをくむ研究者や教育運動の一部には、欧米型の福祉国家と社会民主主義を実現しようという問題意識から、一九六〇年代の教育政策、特に教育投資論に積極的にコミットメントしようとする動きがあったが、左右のイデオロギー政党によって野党と与党の位置が固定化されていた「五五年体制」下で、そうした動きは結局主流にはならなかった。一九六〇年代に福祉国家的な政策が十分機能しなかったことは、戦後日本教育史における政治的意味空間未形成の一側面として反省的に総括されなければならない（長洲・行田 1964、持田 1965）。ただしこのことは、一九九〇年代以降の文脈に福祉国家的な政策をそのままの形で適用することを意味しない。この点については後述する。

（5）たとえば竹村和子は上野千鶴子との対談のなかで、「九〇年代に、たとえばセクシュアリティの爆発的な表象／研究があらわれてくる」という点を挙げ、クリントン政権の誕生に言及して「民主党に政権が代わったのは大きな出来事です」と述べる。さらに、「後期資本主義的な様相が如実にあらわれるのは、九〇年代になってからだ」という認識を示す（上野・竹村 1999:53-54, 58）。

（6）フレイザー論文とそれをめぐる論争については、別稿（小玉 2002）を参照されたい。

（7）ムフらのラディカル・デモクラシーを教育改革の思想史的文脈で批判的に検討したものとしては、小玉（1999）を、また、「政治」の復権を一九九〇年代以降の日本の思想史的文脈で検討したものとしては、Kodama（2001）を参照。

（8）近藤（2001:304）は、ムフらの理論が「直接ニュー・レイバーに影響を与えたことはないとしても、それらの理論が左派理論の変容の契機となりその中で引き継がれ、その影響を受けた理論家がニュー・レイバーに影響を与えるという形で、インパクトを与えていったと思われる」と述べる。

II 理論：教育政治学の条件

第Ⅱ部では、教育の再政治化を視野に入れた新しい教育学の方向性とプログラムを、教育政治学という形で示す。第Ⅰ部で課題として示したように、一九九〇年代以降の日本は、脆弱な福祉国家の再建という課題と、ポスト福祉国家的状況のもとでのシティズンシップの組みかえという課題という、いわばコンテクストを異にする二つの課題を同時に引き受けざるを得ないジレンマに直面している。教育政治学の条件は、このジレンマを克服していくための理論的な手がかりを提供するという点に設定される。

そのためにまず、そうしたジレンマをポスト福祉国家段階における包摂と排除の問題としてとらえ直し、そこでの問題の固有性を、ハート＝ネグリとアガンベンの対立に着目しつつ明らかにする（第四章）。

次に、教育政治学において鍵をなすポスト福祉国家段階における学校と教師の立ち位置の変化、特に、第二章で導出しておいた政治的コーディネーターとしての教師の条件を探る（第五章、第六章）。第五章は教育政治学導入の準備にあてられ、アルチュセールの再生産理論に即してこの問題の前提を明らかにする。そのうえで、さらに第六章ではポスト福祉国家段階が招来する新自由主義的改革のアポリアを内在的に突破するために、遂行中断性という概念を提起し、この概念にもとづいて、教育政治学の具体像を示す。

第四章　シティズンシップのアポリアとしての包摂と排除

1　グローバリゼーションと包摂型社会

二〇〇〇年代の日本において新自由主義的改革の画期をなしたのは、二〇〇五年の小泉郵政解散による総選挙であった。二〇〇五年九月一一日の日本のこの総選挙結果について、アメリカの報道では、「これまで沈滞してきた世界第二の経済の活性化」、つまり、一国単位で世界第二の規模を有する日本経済が活性化することによる、グローバルな世界市場の流動性拡大に期待するような言い方がなされていたことが目をひいた（Talmadge 2005）。このことは、今日の市場原理を中心とした新自由主義的な改革とグローバリゼーションという事態が、深く結びついて進行していることを示すものである。

しかしながら他方で、このグローバリゼーションには、経済的な側面だけではない、様々な側面がある。たとえば、ウルリヒ・ベックはグローバリゼーションを世界市場の論理に還元してとらえるグローバリズムの思想を厳しく批判し、以下のように述べる。

「グローバリズムという新自由主義イデオロギーによって広められた世界市場の覇権と優越性の仮面をはぎ取り、その裏側にある実像を、社会のあらゆる次元に即して暴露する必要がある。すなわちそれは、古めかしい経済主義の大規模な企てであり、歴史の形而上学の復権であり、非政治的な装いをとった上からの社会革命なのである。」(Beck 2000:117)

このようにベックは、グローバリズムという新自由主義イデオロギーを、古めかしい経済主義、非政治的な装いをとった上からの社会革命であると批判する。そのうえで、グローバリゼーションのもう一つの可能性を、新自由主義的なグローバリズムとは異なる方向に見いだそうとしている。また、ベックと同様にグローバリゼーションに関する体系的な考察を展開している第三章でも検討したアンソニー・ギデンズは、「経済のグローバリゼーションは一つの現実」であるとしつつも、「グローバリゼーションは、経済的な相互依存だけでなく、日常生活における時間と空間の変容という意味をも併せ持つ」という点を指摘し、特に、「個人としての私たちの意思決定がグローバルな意味を持つ」ということに注意を促している (Giddens 1998: 30–31＝1999:62)。

これらベック、ギデンズらの指摘にもみられるように、グローバリゼーションには、世界市場の流動性拡大に代表されるようないわゆるグローバリズムには還元されえない、より広い政治的、思想的な文脈が含まれているとみるべきである。この点を明確化するためにベックは、通常あまり区別されることなく用いられているグローバリズムとグローバリゼーションという二つの用語を自覚的に区別して用いている。すなわち、グローバリズムとは、経済的グローバリゼーションに特化した市場原理主義的な新自由主義イデオロギーである。これに対して、グローバリゼーションには、そうした経済的側面だけに還元できない、社会全体がグローバル化して国民国家が相対化されていくという、より広い文脈が含まれているとみることができる（詳しくは、小玉 2005 を参照）。

ギデンズのいう「個人としての私たちの意思決定がグローバルな意味を持つ」という側面を強くひきとって解釈すれば、そこからは、市場原理を中心とした新自由主義的なグローバリズムとは異なる、もう一つのグローバリゼーションの可能性が導き出される。それは、これまで国民国家の枠内でそこに縛られてきた市民が、国民国家の枠を超えて、地球的な視野で行動し、考えることによって、ポスト国民国家段階における新しい政治社会を構成するという、いわゆる「地球市民」論的な思想の可能性である（Cogan, J., Derricott, R., eds. 1998）。

しかしながら他方で、佐伯啓思のように、『「地球的市民」の空虚さ」を指摘する議論もあることに留意しておく必要がある（佐伯 1997:29）。もし仮にグローバリゼーションによって国民国家が縮小、あるいは相対化されていった場合、国民国家に代わる政治社会の構成が、単純に「地球市民」

的なものによって対置できるのかどうか、という問題である。

グローバリゼーションは、国民国家に代わる政治社会の構成原理をもたらすのかどうか、もしそうだとすればその条件は何か、という問題がここから導き出される。この問題は、経済的グローバリゼーション（グローバリズム）の背後に隠れがちであるが、この問題こそ、グローバリゼーションと教育の関係を考えていくうえで、最重要の論点の一つであると思われる。

国民国家における政治社会の構成原理は福祉国家的シティズンシップとして発展してきた。たとえば、国民国家的な政治社会の構成原理をシティズンシップ概念によって整理したT・H・マーシャルは、一八世紀の個人的自由を中心にする市民的権利から出発し、参政権の拡大の中で政治的な権利が加わり、二〇世紀の福祉国家の段階になると「生存権」、「社会福祉」を含む社会権へと拡大発展し、現代の福祉国家的なシティズンシップにつながっているという（Marshall 1998, Lister 2003）。いま、グローバリゼーションによって批判的に問い直されようとしているのは、まさにそうした、マーシャルが規定した意味における福祉国家的なシティズンシップにほかならない。したがって、従来の国民国家的な政治社会の構成原理を問い直すということは、とりもなおさず、マーシャルによって定式化された福祉国家的なシティズンシップを問い直すということにならざるを得ない。

以上をふまえて本章では、グローバリゼーションが国民国家にかわる新たな政治社会の構成原理をもたらすのかどうか、もしそうだとすればその条件は何なのかという点について、検討する。[(1)] その際、この問題について今日最もアクチュアルな立場からの思想活動を展開しているアンソニー・ギデンズ、ハート＝ネグリ、ジョルジョ・アガンベンの三者の思想に注目したい。これら三者に注目するのは、三者とも、それぞれのしかたで、ポスト国民国家、ポスト福祉国家における政治社会の構成について、「包摂（inclusion）」と「排除（exclusion）」という視点を強く意識した考察を展開しているからである。この包摂と排除という視点は、グローバリゼーションの時代における国家と教育の問題を考えるうえで、不可欠の視点であると思われる。

以下ではまず、ポスト福祉国家段階におけるシティズンシップを「包摂（inclusion）」のシナリオとして展開したギデンズの議論を第三章にひき続きあらためて取り上げ、あわせて、その批判とアポリアについて言及する（2節）。次に、ギデンズ的なアポリアを克服するための二つの思想タイプとしてハート＝ネグリ（3節の（1））とアガンベン（3節の（2））を取り上げる。そして、ハート＝ネグリ、アガンベンの相違点を比較検討する（4節）。最後に、三者の違いを整理したうえで、それらの先に議論を進める可能性を、アレントに言及しつつ示唆したい（5節）。

2　包摂のシナリオとそのアポリア

（1）包摂のシナリオとしての「第三の道」

ポスト福祉国家段階において、福祉国家とは異なる形でシティズンシップを定式化しようとしているのが、すでに幾度も言及しているギデンズである。ギデンズは、著書『第三の道』で、この構想を体系化し、それを「旧式の社会民主主義と新自由主義という二つの道を超克する道、という意味での第三の道」であるとしたうえで、以下のように述べる。

「第三の道の政治は、平等を包摂（inclusion）、不平等を排除（exclusion）と定義する。これらの用語については、若干の解説を要するであろう。最も広い意味での包摂とは、シティズンシップの尊重を意味する。もう少し詳しく言うと、社会の全構成員が、形式的にではなく日常生活において保有する、市民としての権利・義務、政治的な権利・義務を尊重することである。またそれは、機会を与えること、そして公共空間に参加する権利を保証することをも意味する。…（中略）…教育は必ずしも雇用の可能性を広げるわけではないにせよ、機会を拡大する効果を間違いなく有している。」（Giddens 1998:102–103＝1999:173–174）

ここでのギデンズの議論は、セーフティネットを張ることで事足れりとするような、新自由主義的な社会政策に対する批判にもなっている。

「公教育の質の向上、充実した医療サービスの維持、安全で快適な公共施設の支援、犯罪発生率の抑制等は、いずれも是非やるべきことである。言い換えれば、福祉国家の改革が、セーフティーネットを残すだけに終わってはならない。ほとんどの国民を利する福祉制度のみが、シティズンシップの倫理観にかなうのである。」(Giddens 1998:107–108＝1999:181)

ギデンズのこの論は、学力向上運動に地域で取り組んで学校のソーシャル・キャピタルを高めようとするうごき(志水 2003)や、あるいはコミュニティ・スクールによって地域社会のソーシャル・キャピタルを高めようとする動き(金子 2002)などに理論的な基盤を提供するものである(詳しくは、本書第七章を参照)。

「旧式の社会民主主義が産業政策とケインズ主義的需要測定を重視するのに対して、新自由主義は規制緩和と市場の自由化に依拠してきた。第三の道の経済政策は、これらとは異なることがらに注目しなければならない。それはすなわち、教育、インセンティヴ、起業的文化、フレキシビリティ、権限委譲、そしてソーシャル・キャピタルの陶冶である。」(Giddens 2000:73＝2003:83)

だが、このソーシャル・キャピタル理論にもとづく包摂のシナリオに対しては、以下のような批判がなされている。

（2）「第三の道」のアポリア

渋谷望は、一九九三年に中央社会福祉審議会が提出した「ボランティア活動の中長期的な振興方策について（意見具申）」の「参加型福祉社会」のビジョンを取り上げ、そこに、「第三の道」に通じる問題意識を読み込んだうえで、次のように論評している、すなわち、そこでは、「国家福祉の役割の後退が所与とされ、個人の（地域）『コミュニティ』へのボランティア的――無償の――『参加』が『自己実現』の一環として称揚されている」、そして、その背後に、「万人に無条件に付与されるシティズンシップが衰退し、〈コミュニティ〉への〈責任〉の有無が市民の形象を二分する」という思想があるというのである。渋谷によれば、この二分法は、「一方に『道徳的コミュニティ』、他方に『非道徳的コミュニティ』を必然的にともない、二者のあいだに質的な断絶を穿つ」ものであるといい、前者（道徳的コミュニティ）への参加を称揚する「〈参加〉への封じ込め」を招くものであるという（渋谷 1999:99, 102–103）。

渋谷によるこの批判は、ソーシャル・キャピタルに支えられたギデンズ的な意味でのシティズンシップ論が地域社会に潜在する政治的「対立」や「抗争」を隠蔽し、ある一定のコミュニティへの「参加」に人々を「動員」し、そこに「封じ込め」ようとしている点に向けられている。この批判は、「第三の道」における包摂のシナリオが、排除＝不平等から包摂＝平等へ、というベクトルを持つことによって、包摂されるものと排除されるものとの境界線、その差別的な差異化を生んでしまうというアポリアを指摘するものである。この論点をひきとりつつシティズンシップ教育の実践をどのように構想するかについては、第七章でも再論する。

3　包摂と排除の境界線、その関係

「第三の道」における包摂のシナリオが、論者の意図とは逆に、包摂されるものと排除されるものとの境界線、その差別的な差異化を生んでしまうという前節で述べたアポリアを克服するための二つのタイプの議論として、以下では、ハート＝ネグリ（アメリカの哲学者マイケル・ハートとイタリアの思想家アントニオ・ネグリ）のマルチチュード論と、ジョルジョ・アガンベンのホモ・サケル論を取り上げる。

ハート＝ネグリとアガンベンは、ともに、フーコーの生‐権力論を参照しつつグローバリゼーション下における新しい政治のあり方を論じながらも、提唱する政治のビジョンにおいては、それぞれ際だった対照を見せている論者として、その類似性と相違点が注目され、検討されてきた（五月 2003、酒井 2005、平井 2005）。だが、その相違点の重要性について立ち入った考察が十分に進んでいるとは言い難い。以下の検討は、この点に迫るための手がかりを見いだそうとするものである。

(1) マルチチュード――ハート＝ネグリによる包摂／排除関係の反転

ハート＝ネグリは、『〈帝国〉』(Hardt, Negri 2000)、およびその続編、あるいは解説版ともいうべき『マルチチュード』(Hardt, Negri 2003)において、グローバリゼーションによる国民国家の衰退をふまえ、新しい社会の担い手を「マルチチュード」という概念で理論化した。彼らのとらえるマルチチュードは、〈帝国〉概念と対になっているものである。その概要をまず確認しておきたい。

ハート＝ネグリは、「グローバリゼーションのプロセスが進行するにつれ、国民国家の主権はしだいに衰退してきている」ことを認めたうえで、国民国家の主権の衰退は主権そのものの衰退と同義ではないとして、以下のように述べる。

「国民国家の主権の衰退は、主権そのものが衰退したということを意味するわけではない。いま現在起きているさまざまの変容をとおして、政治的統制・国家機能・規制機構は、経済的かつ社会的な生産と交換の領域を支配しつづけてきているのだ。それゆえ、私たちの基本的な前提はこうなる。すなわち、主権が新たな形態をとるようになったということ、しかも、この新たな形態は、単一の支配論理のもとに統合された一連の国家的かつ超国家的な組織体からなるということ、これである。この新しいグローバルな主権形態こそ、私たちが〈帝国〉と呼ぶものにほかならない。」(Hardt, Negri 2000:xi-xii＝2003:4)

このように、〈帝国〉を国民国家の衰退のあとに来る「新しいグローバルな主権形態」としてとらえたうえで、そのような「〈帝国〉の内部で成長する生きたオルタナティヴ」、すなわち、帝国にとってかわるオルタナティヴな社会を構成する担い手として、マルチチュードを次のように位置づける。

「グローバリゼーションには二つの側面があるといえるだろう。ひとつは、〈帝国〉が、支配と恒常的な対立という新しいメカニズムをとおして秩序を維持する、階層構造と分裂に彩られたネットワークをグローバルに広げていくという側面である。だがグローバリゼーションには、国境や大陸を超えた新しい協働と協調の回路を創造し、無数の出会いを生み出すという、もうひとつの側面もある。…（中略）…したがってマルチチュードもまた、ネットワークとして考えることができるだろう。すなわち、あらゆる差異を自由かつ対等に表現することのできる発展的で開かれたネットワーク、言いかえれば、出会いの手段を提供し、私たちが共に働き生きることを可能にするネットワークである。」(Hardt, Negri 2003:xiii-xiv＝2005 上:18-19)

つまり、〈帝国〉とマルチチュードはグローバリゼーションの二つの側面であり、〈帝国〉が新しい主権権力によるグローバルな支配形態であるとすれば、マルチチュードはそうした〈帝国〉の内部で成長し、〈帝国〉を超えて「新しい協働と協調の回路を創造し、無数の出会いを生み出す」ネットワークにほかならない。このようなハート＝ネグリのマルチチュード論は、グローバリゼーションのなかに『グローバルな民主的主体』の希望と可能性」を指し示す論として注目されている（水嶋 2004、姜・水嶋・毛利 2006）(2)。

もちろん、ハート＝ネグリはマルチチュードを単なる詩的な空想として語っているわけではなく、マルチチュードの概念は、理論の裏づけをともなって導出されていることに留意しておく必要がある。特に、後論との関係でここで注目しておきたいのは、ハートとネグリが、自身のマルチチュード論を導出する際に、ローザ・ルクセンブルクの帝国主義論を参照している点である。

「ルクセンブルクによる帝国主義批判の立脚点は『外部』に根ざしていた、すなわち、支配諸国と従属諸国の双方においてマルチチュードの非資本主義的な使用価値をもってすれば組織し直せるさまざまの抵抗に根ざしていたのだった」（Hardt, Negri 2000:233＝2003:304–305）。

資本主義は、労働力を再生産し、商品化することによって成り立っているが、ローザ・ルクセンブルクによれば、資本主義は成長と利潤を生み出すために非資本主義的な要素を取り込まざるを得ず、「社会的過程としての資本蓄積は、その一切の関連において、非資本主義的な社会階層と社会形態に頼らざるを得ない」という（Luxemburg 1913＝2001:71–72）。資本主義が資本主義の外側に帝国主義的に広がっていくときには必ず資本主義と異質なものとぶつからざるを得ず、かつ、そこに依存せざるを得ないというわけである。

そのことは、逆の視点からみれば、労働力の商品化が本来的に抱えている矛盾にもなっている。そこに資本主義を内側から解体し、変革していく可能性があるのではないか、というのが、ローザ・ルクセンブルクの問題意識である。つまり、資本主義が自らのうちに抱えこまざるを得ない異物としての社会的マイノリティ、排除されている存在が、資本主義の周辺部からそれを解体し、変革してく可能性を構想できるのではないか、という問題意識である。ハートとネグリ自身、「貧者は窮乏し、排除され、抑圧され、搾取されている—それでもなお、生きているのである！　それは生の共通の分母なのであり、マルチチュードの礎なのである」と述べ、排除されている生が変革主体としてのマルチチュードの基礎となっていることを認めている（Hardt, Negri 2000:156＝2003:205）。

ハート＝ネグリが自身のマルチチュード論にひきつけて、「ルクセンブルクによる帝国主義批判の立脚点は『外部』に根ざしていた」と述べたのは、このような文脈においてであった。そこでは、ある種の周辺革命を正当化する論理として、排除されている側からの変革主体形成という議論が出てくる。それは労働力を再生産するという話にひきつければ、労働力の商品化されない部分、ハート＝ネグリのいう「非資本主義的な使用価値の論理」に依拠して資本主義を変革していくという議論になる。

たとえば、職に就かないなど、労働力の商品化を自覚的にせよ、無自覚的にせよ拒否している層（宮本 2002）が、市場から「排除」されていることに依拠してグローバリズムに抵抗していくというシナリオも、マルチチュード論から導き出されうる。このようなハート＝ネグリの議論に、包摂と排除の境界線とその関係を逆手にとって、それを反転させた構想をみてとることができるのではないだろうか。

（2）ホモ・サケル――アガンベンによる排除の表象

これに対して、グローバリゼーションにおける排除の構造をマルチチュードとはまったく異なる視点でとらえようとするのが、ジョルジョ・アガンベンである。

アガンベンは「ホモ・サケル」という表象を用いて、ポスト国民国家、ポスト福祉国家段階における排除の構造を理論化しようとする。ここでホモ・サケルというのは、もともとは、古代ローマ法において登場する、殺害が処罰されず、同時に、犠牲も禁止され、それによって、刑法と宗教法の両方の適用の外におかれているような人のことである。アガンベンはこのホモ・サケルの表象を、ナチズムの強制収容所で虐殺された人々から、さらにはポスト国民国家段階における排除一般へと拡大適用しようとする。

「本書の主人公は剝き出しの生である。すなわち、ホモ・サケルの、殺害可能かつ犠牲化不可能な生である。我々は、この生が近代の政治において果たしている本質的な働きを求めようとした。人間の生がもっぱらその排除（つまりその生の端的な殺害可能性）という形でのみ秩序に包摂される、ローマの古法のこの不明瞭な形象は、このように、主権に関する数々のテクストの秘法、いや、一般的に政治権力の諸規準自体の秘法をあばくための鍵を与えてくれる。」（Agamben 1998:8＝2003:17）

アガンベンは、人間の生を語る際、政治的な生（古代ギリシア語のビオス）と生物学的な生（古代ギリシア語のゾーエー）の区別に着目する。このように古代ギリシアの段階ではもともと区別されていた政治的な生と生物学的な生は、一九世紀に国民国家が成立し、それが二〇世紀に福祉国家として発展するなかで、同一視されるようになっていく。

このようなアガンベンの議論の背景には、フーコーの「生‐権力」論がある。フーコーによれば、近代以前の権力は、生殺与奪の権力、死に対する権力であったが、近代の権力は、むしろ生かす権力である。生命をいかに効率よく活用するかが近代的権力の主要な関心事となったという(3)。国家の国民になるということと、その人の生命が保障されるということが同じものとされるようになっていくのである。

アガンベンはこのフーコーの生‐権力論をふまえつつ、むしろそれを逆手にとって、生‐権力の生かさない側面に注目した論を展開する。すなわち、政治的な生と生物学的な生が一体化した生‐

権力において、人々を政治的に包摂するために生かす権力が動員されるとすれば、逆に、人々を政治的に排除するためにはその人の政治的な生のみならず、生物学的な生をも否定しなければならなくなるはずだからである。このことが顕在化したのが、ナチスの収容所におけるユダヤ人虐殺であったと、アガンベンは見る。

「だからこそ、アガンベンにとって、近代性の範例をなすのは、制度でいえば、フーコーのように工場や学校ではなく、強制収容所となるのであり、対象でいえば、囚人や生徒ではなく難民となるのである。」（酒井 2005:117）

このアガンベンの視点は、ポスト国民国家、ポスト福祉国家段階における排除の表象を端的に示している。先述の酒井の指摘を補うならば、このような排除の表象はほかならぬ学校／子どもにも適用されうるかもしれない。すなわち、ポスト国民国家、ポスト福祉国家段階における学校／子どもの表象は、フーコー的な監獄としての学校／囚人としての子どもから、アガンベン的な収容所としての学校／難民としての子どもへと、転換しつつあるということもできるのではないだろうか。(4)

このように、アガンベンは、ポスト国民国家、ポスト福祉国家段階における排除のメカニズムに注目するという点では、ハート＝ネグリと同様の視点に立つ。しかしながらアガンベンは、ハート＝ネグリのようにそこにマルチチュードの主体形成による包摂／排除関係の反転の可能性を読み込もうとするのではなく、むしろその逆に、排除を通じての既存の主権的な秩序への逆説的な包摂をみようとしている。ここに、ハート＝ネグリとは異なるアガンベンに特有の立場を見いだすことができる。

4　ハート＝ネグリとアガンベンの対立の意味するもの
――境界線の反転か、無化か

以上で見たように、ハート＝ネグリとアガンベンは共に、グローバリゼーションにおける包摂と排除の境界線、その差別的な差異化をめぐるアポリアを見据えつつも、包摂と排除の関係をどのようにとらえるかという点で、両者はまったく異なる。ハート＝ネグリは、マルチチュードに依拠して包摂と排除の境界線とその関係を逆手にとって、それを反転させた構想を示す。これに対してアガンベンは、排除を通じての既存の主権的な秩序への逆説的な包摂を見ようとしている。本節では、このような両者の対立の意味するものが何であるかを、それぞれが互いを批判している部分に着目しながら、さらに検討してみたい。

（1）構成的権力と主権権力

まず着目したいのは、アガンベンがネグリの著作（Negri 1997＝1999）を名指しで批判している以下の部分である。

「アントニオ・ネグリは最近の著作で、構成する権力がいかなる形式の秩序にも還元されえないということを示そうとし、また、構成する秩序が主権原則に引き戻されるものではないと言おうとした。……（中略）……構成する権力と主権権力の区別という問題はたしかに本質的である。だが、構成する権力が、構成される秩序から発するのでもなく構成される秩序を制度化するのに限定されるのでもないということにせよ、構成する権力が自由な実践であるということにせよ、主権権力が構成する権力とは異なるものだということを何ら意味するものではない。もし、主権のもつ締め出しと遺棄という独特の構造に関する我々の分析が正確なら、先述の属性はじつのところ主権権力にも属するのであって、ネグリも、構成する権力の歴史的現象学に関して豊かな分析を行ってはいるものの、そこでは、構成する権力を主権権力から分離することを可能にするいかなる判断基準を、どこに見いだすこともできていない。」（Agamben 1998:43＝2003:66–68）

ネグリとハートは、既存の主権権力に還元されない構成する権力（構成的権力）の可能性に依拠し、その担い手としてマルチチュードを位置づけている。それに対して、ここでアガンベンは、ネグリによる構成する権力（構成的権力）と主権権力の区別は、うまくいっていないと批判しているのである。したがって、ここでの批判はとりもなおさず、ネグリ＝ハートのマルチチュード論に対する批判にもつながるものである。実際、杉田敦はこの点に注目し、ネグリが「無定形な抵抗勢力としてのマルチチュードが新たな秩序をつくり出す際、彼らが発動する『構成的権力』は、それまでの秩序（『構成された権力』）によって制約されないばかりでなく、主権という枠組みからも自由になりうる、と主張した」のに対し、アガンベンはそれを批判し、「どんなに自由に線を引くとしても、線を引くことに変わりはない。従って、それもまた、彼の定義による主権的権力に該当するのである」と、両者の対立を整理している（杉田 2004:3）。

たしかに、ネグリらのマルチチュード論がいうような排除された側の反転攻勢に、どれだけの実現可能性があるのか、という疑問は禁じ得ない[5]。また、ここでアガンベンが指摘するように、マルチチュードの「構成的権力」が「主権権力」へと不断に転化することによる、「排除された側」の内部での全体主義につながりかねないという危惧も指摘されうるように思われる。

他方、これに対するハート＝ネグリの側からの反論はどうだろうか。彼らは、近著『マルチチュード』において、「戒厳令」やそれに対応する「放棄やクーデタ」などの「例外状態」に関するこれまでの政治理論が「明確に国家による暴力の独占」を基盤にしてきたことを確認し、そうした「例外状態と国家による暴力の独占との結びつきについて明確に説明」した論者としてアガンベンを位置づけたうえで、以下のようにコメントしている。

「私たちはアガンベンの主張を一般的なものとして受け入れることはできない。例外状態ないし例外の法権利は現に権力を有する者たちの行動を規定するものにすぎず、権力を求め欲する者たち、権力の崩壊や転覆を望む者たちの行動を規定するものではないのである。『構成的権力』はこの二番目のカテゴリーからのみ生じるものであり、例外の権力や法を一時停止する権力、そしてまた独裁の権力を制度的に保有する者たちの行動と混同されるべきではない。」(Hardt, Negri 2003:364＝2005 上:330)

ここでハート＝ネグリは、ネグリによる構成的権力と主権権力の区別がうまくいっていないとするアガンベンの批判を念頭に、アガンベンの方こそ、「現に権力を有する者たちの行動」と、「権力を求め欲する者たち、権力の崩壊や転覆を望む者たちの行動」を混同し、後者に適用されるべき構成的権力に固有の位相をとらえ損ねていると、反批判しているのである。

だが、このハート＝ネグリによるアガンベンの批判は、アガンベンの本来の意図を十分にとらえたものであるとは言い難い側面がある。なぜなら、アガンベンは、主権権力と構成的権力を区別すべきでないといっているわけでは必ずしもなく、「主権的締め出しから完全に解き放たれた構成する権力（構成的権力）を思考すること」が重要だといっているからである。つまりここでアガンベンは、「主権的締め出し」、すなわち排除を生み出さないような、構成的権力と主権権力との関係を思考することが重要であるといっている。そしてそのためには、「潜勢力（可能性／potentiality）と現勢力（現実／actuality）の関係を別のしかたで思考し、あるいはその関係の彼方で思考すること」が必要だという（Agamben 1998:44＝2003:68)。ここでは、潜勢力（可能性）が構成的権力に対応し、現勢力（現実）が主権権力に対応して考えられている。

ではいったい、アガンベンにおいて、「潜勢力（可能性／potentiality）と現勢力（現実／actuality）の関係を別のしかたで思考し、あるいはその関係の彼方で思考すること」とは、いったい何を意味しているのだろうか。この点を考えるうえで一つの鍵となるのは、しばしば言及されることの多いハーマン・メルヴィルの小説『バートルビー』に対するハート＝ネグリとアガンベンの評価の相違である（五月 2003、平井 2005)。この『バートルビー』をめぐる両者のスタンスの違いを見ることによって、構成的権力と主権権力の関係に関する両者の相違点の意味がさらに明らかになる。以下ではこの点を見ていきたい。

(2) 潜勢力（可能性）と現勢力（現実）――『バートルビー』をめぐって

『バートルビー』は、一八五三年に発表されたメルヴィルの短編小説である。ウォール街の法律事務所に雇われた書記（scrivener）のバートルビーは、当初きわめて有能に仕事をこなしていたが、ある時から急に筆写することをやめ、帰宅することもなく事務所に居座りつづけるようになる。やがてバートルビーは解雇されるが、それでも彼は事務所に残りつづけ、しばらくして衰弱死してしまう。

ハート＝ネグリは、このバートルビーについて、「労働の拒否の長い伝統のなかに位置づけられる」とし、「このような拒否が解放の政治の始まりであるというのはたしかにそのとおりだ」と評価しつつも、「それはたんなる始まりにすぎない」として、以下のように批判する。

「私たちが必要としているのは、新しい社会体を創造することなのであり、そして、これは拒否することをはるかに超えて進んでゆくプロジェクトなのである。私たちが引くさまざまの逃走線、私たちの脱出は、あくまでも構成的なものでなければならず、現実的なオルタナティヴを創出するものでなければならないのだ。」(Hardt, Negri 2000:204＝2003:267)

これに対し、アガンベンのバートルビーに対する評価は、より肯定的である。アガンベンによれば、「書くことをやめた書記である彼は、あらゆる創造が生じるもととなる無をかたどる極端な形象であり、また、純粋かつ絶対的な潜勢力（可能性／potentiality）であるこの無を最も苛烈に要求するものでもある」という（Agamben 1999:253–254＝2005:38）。そしてアガンベンは、バートルビーにおけるこの「純粋かつ絶対的な潜勢力（可能性／potentiality）であるこの無を最も苛烈に要求する」という点を、「主権原則に対するおそらくは最も強い異議申し立て」であると評価する（Agamben 1998:48＝2003:74）。

先述のとおり、潜勢力（可能性）が構成的権力に対応し、現勢力（現実）が主権権力に対応している。この点では、ハート＝ネグリとアガンベンにとらえ方の相違は見られない。そのうえで、ハート＝ネグリとアガンベンのバートルビーに対する評価がこのように分かれるのは、潜勢力（可能性）と現勢力（現実）の関係のとらえ方において、両者が決定的に異なっているからであると考えられる。

ハート＝ネグリの場合、潜勢力（構成的権力）はマルチチュードの源であり、現勢力（主権権力）を超えて、新しい権力、つまり、オルタナティヴな現勢力（現実）を構成する可能性をもつものである。だから、潜勢力（可能性）は必ず現勢力（現実）へと転化しなければならない。バートルビーの「労働の拒否」という潜勢力は、拒否しつづけることだけで終わってはならず、「あくまでも構成的なものでなければならず、現実的なオルタナティヴを創出するものでなければならない」のである。

他方、アガンベンにおける潜勢力（可能性）と現勢力（現実）のとらえ方は、これとは異なる。アガンベンが重視するのは、「現勢力（現実）にある存在とはまったく関係をもたない潜勢力（可能性）が存在する、ということを思考することであり、また、潜勢力（可能性）の完成と表明としての現勢力（現実）ではないような現勢力（現実）を思考すること」である（Agamben 1998:47＝2003:73）。

私たちはふつう、潜勢力（可能性）を、現勢力（現実）に転化するものとしてとらえがちである。その意味で、先述のハート＝ネグリのとらえ方は今日の常識的理解に合致する。たとえばテストによる達成（現勢力、現実）によって、学力（潜勢力、可能性）をはかる、というように。(6)

アガンベンが批判するのは、このような、現勢力（現実）のしるしのもとにおいて潜勢力（可能性）を計ろうとする態度である。現勢力（現実）のしるしのもとにおいて潜勢力（可能性）を計るのではなく、潜勢力（可能性）は「それ自身の資格において」考察されなければならないとされる（岡田 2002:201）。そうしたアガンベンの視点からすれば、バートルビーはまさに、現勢力（現実）のしるしのもとには決して現れることのない潜勢力（可能性）、すなわち、「純粋かつ絶対的な潜勢力であるこの無を最も苛烈に要求するもの」として評価される。

アガンベンはこのように、潜勢力（可能性）と現勢力（現実）との間の必然的なつながりを否定する。そのことによってはじめて、「主権的締め出しから完全に解き放たれた構成する権力（構成的権力）を思考すること」（先述）への道がひらかれると彼は考えている。

以上をふまえれば、構成的権力と主権権力の関係に関するハート＝ネグリとアガンベンの相違点の意味は次のようにまとめることができる。ハート＝ネグリは、マルチチュードの構成的権力によって主権権力を批判的に乗りこえ、新しい権力を構成することによって、包摂／排除の境界線を逆転、反転させようとする。これに対してアガンベンは、潜勢力（可能性）と現勢力（現実）との間の必然的なつながりを否定し、したがってまた、構成的権力と主権権力の必然的なつながりをも否定して、両者の間の危うい偶然的な関係に依拠した政治を構想することによって、包摂／排除の境界線それ自体を無化しようとしているように見える(7)。

5　マルチチュードとホモ・サケルの間――政治的なるものの固有性

最後に、これまでの議論をまとめておきたい。見てきた通り、ギデンズ、ハート＝ネグリ、アガンベンの三者とも、それぞれのしかたで、ポスト国民国家、ポスト福祉国家における政治社会の構成について、「包摂（inclusion）」と「排除（exclusion）」という視点を強く意識した考察を展開しているという点で共通している。いずれにおいても、福祉国家的な生‐権力の変容をふまえて、ポスト福祉国家段階における包摂と排除の機制に注目した議論を展開している。

ギデンズは、包摂のシナリオに定位した議論を提起しているが、同時にそれは包摂と排除のアポリアを顕在化させるものであった。これに対して、ハート＝ネグリとアガンベンは、包摂と排除の機制を見据え、それをいかに超えるかについて、マルチチュードとホモ・サケルという、対照的な議論を展開している。

ハート＝ネグリは、マルチチュードの構成的権力によって新しい権力を構成し、包摂／排除の境界線を反転させる構想を提起する。それに対してアガンベンは、構成的権力と主権権力の必然的なつながりを否定し、両者の間の危うい偶然的な関係に依拠した政治を構想することによって、包摂／排除の境界線それ自体を無化しようとする。そこで問われているのは、包摂と排除をめぐって、一方におけるマルチチュードとしての可能性と、他方におけるホモ・サケルの表象との間で、いかなる政治的なビジョンを構想できるのか、という点である。

以上をふまえて最後に、今後への示唆として注目しておきたいのは、アガンベンによってハート＝ネグリよりも相対的に高い位置づけが与えられている、ハンナ・アレントの議論である。アレントもまた、ハート＝ネグリが注目したローザ・ルクセンブルクの『資本蓄積論』の先述の部分に着目している。その際アレントは、「政治とは全く無関係に自分自身の法則に従う資本主義発展などというものは存在し得ない」ことを証明したものとして評価している（Arendt 1962＝1981:45）。つまり、アレントの場合は、ルクセンブルクの同じ箇所に言及しているとはいっても、必ずしもハート＝ネグリのように「非資本主義的な使用価値の論理」に変革の拠点を見いだすという議論をしてはいない。むしろ、ここでローザ・ルクセンブルク評価の文脈でアレントが注目しているのは、労働力の商品化という資本主義のメカニズムには、経済に還元できない「政治」の論理が介在しているという点である。つまりアレントは、ローザ・ルクセンブルクの資本主義の外部を想定するという思想を、マルクス主義批判の文脈に位置づけ、資本主義の外部としての「政治」の発見によって労働価値説を相対化する地平で発展させていこうとしている。

そして、この労働価値説批判という点に関していえば、潜勢力（可能性）と現勢力（現実）との間の必然的なつながりを否定するアガンベンの議論もまた、労働価値説批判としての側面をもっている。労働価値説の前提には、労働力（可能性）と労働（現実）との必然的なつながりを措定する思考があるからである。

もちろん、公共的空間への現れを積極的に位置づけるアレントの議論と、現実のしるしのもとで計られ得ないバートルビー的な無為を積極的に位置づけるアガンベンの議論とでは、めざす政治のイメージがかなり異なることは事実であり、両者がどのように接合されうるのかについては、あらためて検討する必要がある。[8] ただ、少なくともいえることは、アレントもアガンベンも、労働価値説批判の立場に立ち、福祉国家におけるビオスとゾーエーの融合によって経済的なものに従属してきた政治的なるものの自律性を回復し、その固有性を再発見しようとしている点である。福祉国家段階において脱政治化されてきたシティズンシップを、グローバリゼーションが進行する今日的状況のもとで再政治化する課題が導出されるのは、まさにこの点においてである。具体的には、政治教育を公教育におけるシティズンシップ教育の一環として位置づけ直す作業がある（小玉 2003、広田 2005、氏岡 2005）。この点は本書の第Ⅲ部で展開することにするが、その前に、シティズンシップ教育を担う政治的コーディネーターとしての教師の存在条件を、第五章と第六章で検討したい。

註

（1）本章は、二〇〇五年九月一九日に開催された教育思想史学会第一五回大会（日本大学）シンポジウムで筆者が行った報告「マルチチュードとホモ・サケルの間——グローバリゼーションにおける包摂と排除」の当日配付資料（http://homepage2.nifty.com/eduscikodama/paper2005.9.19.htm）に、大幅な加筆を行ったものである。

（2）教育学でハート＝ネグリに注目し、批判的に検討を行っている研究としては、牧野（2005）がある。

（3）この近代の生‐権力をフーコーは、さらに二つの側面から特徴づける。一つは人口に対する「生‐政治学」の側面であり、もう一つは身体に対する「解剖‐政治学」の側面である（Foucault 1978:139-140＝1986:176-177）。

（4）この点については小玉（2013c）を参照。

（5）この点と関わって、たとえば浅田彰は、ハート＝ネグリのマルチチュード論に対して、「古いマルクス主義と同じく生産と労働の場面に定位して、『万国の労働者よ団結せよ』というかわりに『世界の有象無象（マルチチュード）よ一緒にだらけよう』といっているに過ぎない」と批判している（柄谷・浅田・大澤・岡崎 2005:215）。

（6）現勢力（現実）のしるしのもとで人間の潜勢力（可能性）を計ろうとする態度は、学力論だけでなく、近年の「何々力」という言説の広がりのなかに端的に示されている。この点に関する批判的考察としては、さしあたり、小玉（2013a）を参照。潜勢力に関するアガンベンの思考が今日の学力論に与えうる示唆については、今後さらに検討して、論じる機会をもちたい。

（7）平井秀幸は（ハート＝）ネグリとアガンベンの相違を、前者における「〈帝国〉＝『マルチチュード』間分割線の理論的抽出」に賭ける姿勢と、後者における「分割不可能性に身をおきながら『否定の可能性＝無能性』に賭ける姿勢という点に見いだしている（平井 2005:53）。

（8）たとえば、難民（排除の表象）と市民（包摂の表象）を架橋する視点からアガンベンとアレントの思想を接合する試みとして、小玉（2013c）を参照されたい。

第五章　教育政治学の可能性

1　教育の再政治化をとらえる枠組みの胎動

戦後の日本において公教育システムは、以下の二つの意味において、政治システムから明確に区別されているものとして考えられてきた。

第一に、教育行政の独立性のもとで、教育行政は一般行政から区別されてきた。教育基本法第一六条（現行）には「教育は、不当な支配に服することなく、この法律及び他の法律の定めるところにより行われるべきもの」と規定されている（勝野 2007）。この「不当な支配」を防ぐための方策の一つとして、教育委員会は首長から独立した合議制委員会として設置され、「教育行政の一般行政からの独立」が尊重されてきた。

第二に、教育の政治的中立性を確保するために、教師による教育実践は政治的なものであってはならないとされてきた。一九五四年のいわゆる「教育二法」（教育公務員特例法の一部を改正する法律（教特法）改正と、義務教育諸学校における教育の政治的中立の確保に関する臨時措置法（中立確保法）制定）以降、政治教育の中立性を定めた教育基本法第一四条（現行）二項の性格が「教育の政治的中立性一般の問題へと拡大」（森田 1993:411）することとなった[1]。つまり、本来、政治教育を促進するためのものであった中立性が、教育を非政治化するための中立性へと転化し、学校で政治教育を行うことそれ自体を抑制させる効果をもたらしてきた（小玉 2007b）。

しかし、これら二つの前提は、一九九〇年代以降、次第に変化し、見直されようとしてきた。第一の点については、教育委員会廃止論や自治体首長部局との連携論などが提起され、その後、二〇一四年六月には、地方公共団体の首長が「総合教育会議」を主宰し教育委員会とともに教育振興施策の大綱を決めることを内容として含む、地方教育行政法の改正が成立した。そうした一連の過程に中教審の委員として関与した小川正人は、二〇〇八年の時点で、「教育委員会制度を活性化するためには、逆説的かもしれませんけれども、政治化することだと思っています」としたうえで、「政治的な中立性をベースとして首長の権限を排除してきた今の仕組みというのは、時代錯誤というべき、見直すべき時期が来ている」と述べた（今井・苅谷・恒吉・小川・勝野・小玉 2008:32–33）。

第二の点については、一九九〇年代以降台頭しつつあるシティズンシップ教育の動きが注目される（小玉 2003）。これは、一九五〇年代以降凍結されてきた教育基本法第一四条本来の趣旨をあらためて再評価し、政治教育を復権させる可能性をはらんでいる（本書第Ⅲ部参照）。

以上二つの点において、教育研究は、教育を再政治化させる方向での政治と教育の新たな関係把握を理論的に要請している。本章は、この要請にこたえるために、教育政治学の導入を準備しようとするものである。[2]

その際、本章では、アルチュセール以後のイデオロギー論に着目する。[3]その理由はさしあたり二つある。一つは政治学の面からの理由、すなわち、欧米の政治学において一九七〇年代の末以降に激化し、その後の政治学の革新をもたらした「ポスト・ビヘイヴィオラリズム」（脱行動論）において、アルチュセールのインパクトが無視し得ない影響力を持っていたという点である。もう一つは教育学の面からの理由、すなわち、アルチュセールのイデオロギー論が教育を政治との関係においてとらえ直そうとする際の「教育学の新しい可能性」の起点となり（森田 1992）、その後の再生産理論の展開を促していくもとになったからである（小玉 1999）。

以下では、まずアルチュセール・インパクトの意味を確認する（2節）。それをふまえて、アルチュセールのイデオロギー論を再読し、近代公教育を社会的再生産の政治的帰趨が委ねられている場としてとらえる（3節）。そこから、教育政治学の今日的課題を導出し、教育と政治の関係をとらえ直す視点を提供したい（4節）。

2　アルチュセール・インパクトの意味

(1) 政治学の転換——行動論から実践論へ

アメリカ政治学会が一九六〇年代末以降、ポスト・ビヘイヴィオラリズムの台頭によって席巻され、それまでの政治学の主流パラダイムであったビヘイヴィオラリズム（行動論）が批判されたことについては、すでに佐々木毅らによる詳細な検討がなされている（佐々木 1983）。この行動論批判は、その後の政治学の展開にとって決定的なインパクトをもたらした。主流派の側からそれに応答したD・イーストンによって、それは「脱行動論革命」と命名されている[4]。

脱行動論革命の要点は、暗黙の無自覚な保守主義の支配からの脱却、市民の政治参加を積極的に位置づけること、価値と科学を峻別せず、価値に積極的にコミットメントすること等にまとめられる（佐々木 1983）。とりわけそこで重要視されたのは、行動（behavior）の客観的な分析から、実践（practice）的知の復権へのパラダイム転換である。たとえば、一九七〇年代以降のポスト・ビヘイヴィオラリストの代表とされるウィリアム・コノリーは、人々の行動を客観的に分析する実証主義から、「人々の複雑な関係の網の目を理解する基礎となるような解釈的アプローチ」への転換を説いた（Connolly 1981）。ここでコノリーが解釈的アプローチを導くうえで、批判的なのりこえの対象として位置づけて格闘したのが、アルチュセールの構造主義にほかならなかった[5]。

（2）狭義の国家から広義の国家へ

これと同じ時期に、イギリスのニューレフトにおいて追求された政治学の転換が、いわゆる「国家論ルネサンス」をめぐる論争である。特に、『ニューレフト・レビュー』誌上で一九六〇年代末から一九七〇年代初頭にかけて展開された、アルチュセール派のニコス・プーランザスとイギリスニューレフトのラルフ・ミリバンドとの間で争われた論争が重要である（田口 1982）。(6)

プーランザスやミリバンドが議論の前提として共有していたのは、国家を狭義の国家から広義の国家へと拡大してとらえるという点である。これは、家族、学校等を含む「市民社会」の領域を国家支配の正統性（ヘゲモニー）が調達される場としてとらえるアントニオ・グラムシの直接的影響下で展開される議論である（加藤 1986:62）。このような国家概念の拡大によって、従来国家の外側に位置するとされてきた学校や家族などが、政治のヘゲモニーが争われる場として正面から位置づけられることになる。

ただ広義の国家把握に立つ場合でも、学校や家族などの諸制度をどのようにとらえるかで、意見が分かれる。アルチュセール派のプーランザスが強調するのは、社会的諸集団、諸階級の意志や利害を実体的にとらえるべきではないという点、そして、学校や家族などの社会的諸制度をいかなる集団、階級によっても利用可能な道具としてとらえるべきではないという点である。このような実体的、道具主義的な制度観に対して、プーランザスはアルチュセール派の構造主義に依拠しつつ、社会諸集団の意志や利害が形成されるメカニズムを社会的諸関係の総体に即して把握しようという、関係論的な制度観を対置する。そして、国家を社会的諸関係が凝集される結節点としてとらえる立場から、イデオロギーやヘゲモニーに注目して国家支配の正統性の調達メカニズムや国家意志の存立メカニズムが対象化される。その際、学校などを含む社会的諸制度を、階級や集団によって利用される道具として把握するのではなく、むしろ、制度の存立と機能のメカニズムそれ自体が、イデオロギー装置や社会的場のはたらきの問題として議論される（Poulantzas 1978＝1984）。

エルネスト・ラクラウは、このプーランザスの議論を「アルチュセール革命」の成果として継承し（Laclau 1975＝1985）、シャンタル・ムフとの共同作業を通じ、ラディカル・デモクラシーを展開して、先述のウィリアム・コノリーと共に、一九九〇年代の政治学に大きなインパクトを与えることとなった（Laclau and Mouffe 1985＝1992, Mouffe 2000＝2006, 田中 1992）。また、スチュアート・ホールはアルチュセール派イデオロギー論の枠組みをレイモンド・ウィリアムズ以降のイギリス文化研究の伝統と接合したカルチュラル・スタディーズを展開し、欧米の文化研究やポストコロニアル研究、メディアリテラシー教育等に大きな影響を与えた（Hall 1985, Ferretter 2008）。

以上、本節での議論をまとめると、一九七〇年代以降、アメリカにおける脱行動論革命やイギリスを中心とした国家論ルネサンスの動向を通じ、政治が客観的な分析と操作の対象から市民社会レベルでの制度実践へととらえ直され、その重要な場として教育が位置づけられることになる。そして、その鍵となる位置に、アルチュセールのイデオロギー論が存在していたということができる。このことをふまえて、次節ではアルチュセールのイデオロギー論を検討する。

3　アルチュセールのイデオロギー論再読

（1）アルチュセールの自己批判

もともとアルチュセールは、初期マルクスに対する後期マルクスの優位性を主張した論者として知られている。アルチュセールによれば、マルクスは一八四五年（『フォイエルバッハに関するテーゼ』『ドイツ・イデオロギー』）に、それ以前のフォイエルバッハ、ヘーゲル主義的な問題構制・イデオロギーと絶縁し、後戻りできない地点に到達したという（「認識論的切断」）（Althusser 1965:23–26＝1968:38–41）。

アルチュセールは、後期マルクスの何に「新しさ」を発見したのか。アルチュセールは、各部分が全体的部分（pars totalis）として力を合わせて全体を構成するというヘーゲル的な全体性（totalité, totality）の概念に対して、相対的に自律した諸審級が種差的な決定様式で相互に結合しあう複合的全体（tout, whole）という概念を後期マルクスの問題構制から抽出する。前者（totality）が、一見ばらばらな所与として現前する社会の諸要素を、単一の内的本質の現象としてとらえる、本質主義的なモデルに対応するのに対して、後者（whole）は、そうした一元的・本質主義的な決定様式ではなく、固有の（種差的な）運動形式と時間性を有する相対的に自律した諸審級の重層的決定のモデルに対応する（Althusser 1965:100-116＝1968:137-158）。

このような本質主義批判と相対的自律性への着目は、アルチュセールの哲学全体を貫く特徴である。ただ、前期のアルチュセールは、「認識論的切断」を可能にするメカニズムが何なのかについて十分な考察を加えてこなかった。この点を自己批判し、後期には、切断を可能にする哲学を「政治」として定義する視点が打ち出される（市田 2010）。そしてこの新たに定義し直された哲学における政治が、切断に先行し、それを可能にするものとして設定される（Althusser 1973＝1974）。

この哲学における政治は、一回かぎりの「切断」ではなく、現実に不断に介入しつつ科学とイデオロギーとの境界設定を行う過程である。かくして「舞台はエピステモローグの書斎から社会的な闘争の場へと転換」（浅田 1983:42）する。その舞台をイデオロギーの分析を行うことによって明らかにすることが理論的課題として浮上する。

（2）政治的実践としてのイデオロギー

アルチュセールのイデオロギー論は、一九七〇年、雑誌『パンセ』に「イデオロギーと国家のイデオロギー装置」として公刊される(7)。以下では、この公刊された一九七〇年の論文にもとづいて、アルチュセールのイデオロギー論を検討したい。

アルチュセールのイデオロギー把握は二つのテーゼに分節化されて展開される。第一テーゼでは、「イデオロギーは、諸個人の存在の現実的諸条件に対する彼らの想像的な関係の〈表象＝上演〉である」という。これは、「人間がイデオロギーのなかで描き出すのは、彼らの存在の現実的諸条件や彼らの現実世界そのものである、即ち、現実世界それ自体をイデオロギーは歪曲して描き出す」というとらえ方へのアンチテーゼである。現実の疎外された表象あるいは虚偽意識としてイデオロギーをとらえる考え方の否定である。

第二テーゼは、「イデオロギーは物質的な存在をもっている」である。ここで、イデオロギーが諸観念の集合であるという考え方が否定される。アルチュセールは、人間主体の諸〈観念〉は、主体の諸行為のなかに存在して初めて〈観念〉たりうるのだという。したがって、観念以前に行為の問題が語られねばならず、その行為は、諸実践が儀式によって調整された結果生じるものとしてとらえられる。この実践を調整する儀式のメカニズムを規定するものこそ、国家イデオロギー装置（AIE）にほかならない。すなわち、「主体の諸観念は、それらが依拠する物質的なイデオロギー装置によって決定される物質的な儀式それ自体によって調整された物質的な諸実践のなかに挿入される、この主体の物質的な行為であるというかぎりにおいて、物質的」なのである。

以上から付随的にさらに二つのテーゼが導かれる。第三テーゼは、「イデオロギーによる、またはイデオロギーの形をとる以外に実践は存在しない」であり、第四テーゼは、「主体による、またはさまざまな主体をめざす以外にイデオロギーは存在しない」というものである。第三テーゼは、だれもイデオロギーの舞台から降りることはできないことを確認したものである。そして、実践がイデオロギーによる調整を受けることの内実を、個人の主体化の問題としてとらえ返すという方向性が、第四テーゼで示される。

そしてこの個人の主体化の問題を呼びかけ論として定式化したのが、「イデオロギーは諸個人に呼びかけて主体にする」という最終テーゼである。ここに至って、個人が現実との関係を想像的に生きるということの内実が、主体への呼びかけをつうじての諸個人自らの主体であること（それは明証性 évidences, obviousness をもつ）の再認（reconnaissance, recognition）の儀式としてとらえられる。そうした再認のメカニズムがすなわち、生産諸関係の再生産の現実を誤認（否認 méconnaissance, misrecognition）するメカニズムにほかならない。

アルチュセールによれば、このような呼びかけとしてのイデオロギーが近代国家においてはたらく主要なイデオロギー装置は、家族と学校であるという。よって、家族と学校こそは、個人を主体にする儀式が呼びかけによってなされる政治的な場であるということになる。このことの含意を、自己批判以後のアルチュセールの立論をふまえて考えてみると、どのようになるだろうか。

前述のように、相対的に自律した諸審級が重層的に決定しあう複合的全体である資本主義社会の再生産プロセスは、その帰趨が一元的に決定されたものではないというのが相対的自律性論のモチーフである。そして自己批判以降のアルチュセールが想定する国家イデオロギー装置は、このような再生産過程の帰趨を左右する階級闘争としての政治の賭けられている場（enjeu, stake）にほかならない（Althusser 1970:38＝1975:89）。

したがってイデオロギー装置である学校や家族は、アプリオリに支配装置として機能する性質を付与された制度ではない。アルチュセールが、イデオロギー機能と、（象徴的なものを含めた）抑圧的機能とを区別する（Althusser 1970:14＝1975:37）含意も、この点にある。だとすれば、アルチュセールのイデオロギー装置論は学校や家族をあらかじめ決定された社会統制や支配構造の装置としてとらえることを意味してはいないということになる。むしろ、アルチュセールのイデオロギー論は、支配構造の存立に先行し、その変更可能性をうちに含んだ政治的実践を理論化するものであるといえる。

4　教育政治学の課題へ向けて

以上、本章では、アルチュセール以後のイデオロギー論に着目することによって、近代公教育を社会的再生産の政治的帰趨が委ねられている場としてとらえ直す視点を得ることができた。このとらえ方に従えば、学校はあらゆる政治権力から独立した中立的な場でもなければ、あらかじめ決定された社会統制に寄与する支配装置でもない。学校は（そして家族も）、個人を主体にする儀式が呼びかけによってなされる政治的な実践の帰趨が賭けられている場である（Dave 2001, Youdell 2006）。そのような儀式のコーディネートは、学校のマネジメントから、ヒドゥンカリキュラムを含む教室内でのペダゴジーにまでおよぶ。そうした文脈において、教育政治学は、学校の管理運営と教育実践の双方を、言い換えれば、学校の統治と学校のカリキュラム、特にシティズンシップのカリキュラム（Leonald 2005, Bassel 2008）を扱うことになる。教育政治学には、まさにそのような意味における、学校の内的事項と外的事項を架橋する実践知を創出することが求められているのである。そしてそこで鍵的な位置に立つ存在こそ、政治的コーディネーターとしての教師にほかならない。

次章ではこの点を検討していきたい。

註

（1）教育基本法第一四条（現行）は、政治教育を定めた条文で、一項で「良識ある公民として必要な政治的教養は、教育上尊重されなければならない。」と規定し、続く二項で「法律に定める学校は、特定の政党を支持し、又はこれに反対するための政治教育その他政治的活動をしてはならない。」と規定する。詳細は、第Ⅲ部以降を参照。

（2）教育政治学への準備作業としては、ほかに小玉（2009）を参照。

（3）アルチュセールのイデオロギー論を思想史的な背景をふまえて哲学的により詳しく検討したものとしては、小玉（1990b）を参照。アメリカにおける教育政治学の展開については、荒井（1988）を参照。

（4）マイケル・サンデルによる「正義論ブーム」の背景にあるリベラルとコミュニタリアンの論争、「熟議」民主主義論の台頭とラディカル・デモクラシーによる批判、シティズンシップ論の展開等はすべて、この「脱行動論革命」の延長線上にある議論だといっても過言ではない。

（5）コノリーのこの時期のアルチュセール理解はややドグマティックなもので、後述する自己批判以前の前期アルチュセールに依拠している。したがってコノリーのここでの議論はアルチュセール批判という形をとりながら、事実上は後期（イデオロギー論導入以降の）アルチュセールと議論の土俵を共有している面がある。これは、コノリーが後にミシェル・フーコーの権力論を積極的に導入するようになることによっても裏づけられる。

（6）前イギリス労働党党首のエド・ミリバンド（元国務大臣）と、二〇一〇年にエドと党首選を争った兄のデイヴィッド・ミリバンド（元外務大臣）は、共にラルフ・ミリバンドの子である。イギリスにおける政治学と政治的実践との関連性を見るうえで、興味深い事実である。

（7）この公刊された一九七〇年論文はアルチュセールが構想していたイデオロギー論の骨子に過ぎず、イデオロギー論に関する未公刊の草稿が存在することが、没後明らかにされた（Althusser 1995＝2005）。草稿の内容は公刊論文の趣旨を変えるものではないが、アルチュセールがイデオロギー論と取り組んだ背景を知るうえでは重要な資料であり、今後、あらためて検討の機会をもちたい。

第六章　教育における遂行中断性

1　新自由主義とどう向き合うか

第四章と第五章で見てきたように、現在、各国で進行している教育改革の動きは、一方でグローバリゼーションの影響を受けつつ、他方で国家の再構築を模索するという、一九世紀以降の国民国家を単位として編成されてきた政治体制の組み替えの動きと連動して進んでいる点に特徴がある。その際、特に大きな論点となるのは、イギリスやアメリカ、日本などで福祉国家レジームの再編を企図して一九九〇年代以降に進行してきた「新自由主義」的といわれる教育改革が、今後どのように推移していくのかという問題である。

その際に歴史的な検証を必要とするのは、二〇〇九年にアメリカや日本でなされた政権交代（アメリカのオバマ政権、日本の民主党政権）の経験である。それぞれの政権では、新自由主義に対する対抗をうちに含んで、統治構造の変革と連動した教育改革の構想が提起された。この点と関わって、佐藤学はアメリカの政権交代に言及しつつ、「ブッシュ政権までに作られてきた新自由主義的教育政策は、一八〇度転換します」と述べていた（佐藤 2009:77）。

たしかに、オバマ政権は、ブッシュ政権下での教育政策の目玉となっていた「一人の子どもも落ちこぼさない法」（NCLB法）の見直しを掲げた[1]。また、日本の民主党政権も、教員免許更新制や全国学力学習状況調査など、前政権で打ち出された諸政策の見直しを掲げた[2]。しかし、これらの政権交代は、「新自由主義的」といわれた一連の教育改革を根本的に変更したかといえば、必ずしもそうではなかったし、福祉国家レジームへの回帰を意味するものでもなかった。

本章では、この問題を深めるうえでの一つのポイントとして、一九九〇年代以降の教育改革において「説明責任」（accountability）とならんで、説明責任の基礎をなす重要な概念として浮上してきた「遂行性」（performativity）に着目し、その思想的な背景を掘り下げて考えることを課題としたい。それによって、これまで「新自由主義」的として一括してくられてきた教育改革の思想を、いったんは分節化してとらえることをめざす。そうした作業を通じて、ポスト福祉国家／ポスト「新自由主義」段階における新しい教育政治学の可能性と条件を明らかにすることが、本章の課題となる。

2　教育改革における遂行性（performativity）の浮上

（1）成果主義としての遂行性

一九九〇年代以降の一連の規制緩和政策によって、教育のプロセスや内容への公的規制や統制が緩和、解除され、市場セクターや市民・民間セクターを含めた公教育における供給主体の自由化・多元化が進められてきた。同時に、それとセットになって公的規制に替わる公共性を保証する原理として浮上してきたのが、遂行性（performativity）や結果の管理によって教育の質の保証を確保しようという考え方である。すなわち、プロセスの規制を緩和し、自由化するかわりに、公的セクターは教育の遂行（performance）を評価、管理する、他方で、学校や教師などの供給側は、自身が行った教育の遂行性に関する説明責任（accountability）を公的セクターに対して負う、とされる。

このような教育における遂行性と説明責任の思想が端的にあらわれているのが、アメリカのミネソタ州で一九九一年に立法化され、以後全米に拡大したチャーター・スクールである。第三章で言及したように、チャーター・スクールは、教育の内容や方法、プロセスについての規制を受けない、有志が運営する独立した公立学校で、教育委員会や大学などが認可機関（スポンサー）となる。各学校は決められた期間（任期）ごとに説明責任をスポンサーから評価され、認められれば認可が更新される（Finn, Manno, Vanourek 2000）。

チャータースクールとは別の意味で、教育における遂行性と説明責任を重視してブッシュ政権（当時）が打ち出したのが、二〇〇一年の初等中等教育法を改正する「一人の子どもも落ちこぼさない（置き去りにしない）法律」（No Child Left Behind Act, 略称ＮＣＬＢ法）である。これは、全米の公立学校で各州が定める学力テストを実施し、二〇一四年までにすべての生徒が州が定める基準に到達することをめざすものである。各学校はテストの結果に説明責任を負い、原則公開され、そのスコアが州で定める基準に達しない学校に対しては、学校選択制の導入による生徒の転校、教職員の入れ替え、運営主体の転換などのサンクション（制裁）が課された（小玉 2013a）。

また、イギリスでは、サッチャー（保守党）政権時代の一九八八年教育改革法で、ＬＥＡ（地方教育当局）の権限の弱体化、学校評議会への権限委譲や学校の自律的経営が導入され、「市場原理と自然淘汰による教育水準の上昇を意図」（大田 2004:3）した教育改革が進められた。その後、一九九七年の労働党への政権交代以降は、「市場原理と事後評価の組み合わせは生徒、学校、ＬＥＡの弱点を明らかにし、救済策を講じる手段に転化した」（大田 2004:11）が、遂行性と説明責任を重視する改革の手法自体はむしろ徹底された。特に、教育目標の基準設定を重視するＮＰＭ（New Public Management）的な手法が推進された点は、労働党政権時代の特徴といわれている（Thrupp, M., Hursh, D. 2006:643）。

つまり、アメリカでもイギリスでも一九九〇年代以降、教育の遂行性や成果を重視して評価する仕組みに、学校評価の仕組みを変えていこうとする流れが台頭している。そのこととも関係して、学校教育の結果を説明する責任が学校や教師の側にあるという説明責任（accountability）の思想が重視されつつある。

日本でも、アメリカ、イギリスほど顕著ではないが、一九九〇年代以降、事前評価（プロセス管理）から事後評価（結果管理）への転換（あるいは共存）を特徴とする行政コミュニケーション形式の変容（荻原 2001）や、特に小泉政権以降の内閣主導での教育供給主体の多元化政策（荒井 2008）が試みられてきた。「総合的な学習の時間」の導入や「全国学力・学習状況調査」の結果を学校評価や学校支援に活用していこうとする発想などにも、中央集権的教育課程行政の枠組みを遂行性と説明責任を重視する発想へと転換していく芽を読み取ることができる。そうした流れは、NPM的手法をとり入れた教育のガバナンス改革を重視する二〇〇〇年代以降の教育行政に直結している。

以上のような遂行性と説明責任を軸とした教育改革は、結果にもとづく教育評価という側面から見たとき、成果主義という性格を強く持つことになる。この、遂行性が有する成果主義としての側面に着目したのが、イギリスのスティーブン・ボールである（Ball 2003, Ball 2006）。

ボールによれば、成果主義としての遂行性は、主体の自由な遂行性を媒介とした「高度にリベラルなしかたでの」統治を可能にする、ポスト福祉国家段階の「品質保証国家」、あるいは「評価国家」（大田 2002）における、国家統制の新しい様式である（Ball 2003:215）。そこで次に、ボールの議論に即しながら、成果主義としての遂行性にはらまれている特徴と問題点を見ていきたい。

（2）遂行性のシニシズム

ボールによれば、遂行性を重視する成果主義的な教員評価・学校評価は、「進取の気性に富んだ」教師を生み出す可能性がある一方で、教師のなかに「葛藤や不安」を呼び込むことにもつながるとして、以下のように述べる。

「遂行性（performativity）は、個々の実践者に対して、目標や指標、評価に応答する存在となるように、自身で自らを組織化するように、そして、個人的な信念や志向は脇に置いて計算高い生活を過ごすように求める。この新たな遂行的労働者は、卓越性への情熱をそなえた荒々しく進取の気性に富んだ自己を有する。これによって成功の機会を得る人もいるが、他方では自分のなかの葛藤や不安、抵抗の前兆となることもある。くわえて、遂行性は透明性よりも不透明性を生み出すことも示唆される。というのも、個人や組織は、偽装（fabrication）の構築と維持にますます多くの関心を費やすようになるからである。」（Ball 2003:215）

ここでボールは、遂行性を重視する教育評価によってもたらされる特徴として、二つの側面を指摘している。

第一に、事前規制（プロセス規制）の緩和によって権限が学校単位に委譲され、学校や教師の自律性が拡大するということは、ボールの「高度にリベラルなしかたでの」統治という言い方にも示されているように、教師の教育権限や自由の拡大につながる可能性を含んでいる。そのことが、教師のなかに「進取の気性に富んだ自己」を生みだし、それによって「成功の機会」を得る教師も出てくる。

第二に、しかし他方で、それが遂行性の査察や評価、説明責任の重視とセットになって出てきた場合には、たとえばテストの成績を上げなければいけないというプレッシャーが各学校現場や各教師に今まで以上に強くかかってくる、という側面もある。

つまり、教師が、「目標や指標、評価に応答する存在となるように、自身で自らを組織化するように、そして、個人的な信念や志向は脇に置いて計算高い生活を過ごすように」なることによって、自身のうちに不安や葛藤を抱え込んでいく。

ボールは特に、成果主義としての遂行性によってもたらされるこの第二の側面、つまり教師を「不安や葛藤」へと追い込んでいくメカニズムに着目し、それをジュディス・バトラーの「演じられる幻想（enacted fantasy）」（Butler 1990:136＝1999:239）と結びつけて、以下のように議論する。(3)

「ここに、査察によって『呼び出された』管理された遂行性という、特定の遂行性がもたらす徴候を読み取ることができる。すなわち、そこで生み出されているのは、ある種の見せ物、ゲームの上演、規則のシニカルな遵守である。いいかえれば、『演じられる幻想（enacted fantasy）』（Butler 1990）とでも呼ぶべきものである。それはただ単に見られ、判断されるもの、偽装（fab-

rication）にすぎないものである。」（Ball 2003:222）
ここでいう偽装には、テストの点数を水増しして報告する、統計や指標を操作する、といった数値の偽装から、視学官の査察にそなえて予行練習をするなどの「舞台管理」まで、幅広いものが含まれる（Ball 2006）。

このような、遂行性によってもたらされる不安や葛藤、「規則のシニカルな遵守」という問題は、成果主義的な教員評価・学校評価に直面する日本の教師にも当てはまることを、勝野正章はボールの議論も参照しつつ指摘している。勝野によれば、「教師が遂行的（パフォーマティブ）に仕事をすることは、『教師であること』の意味を回帰的に動揺させることでもある」。そしてその結果、「『これもやらなきゃ。あれもやらなきゃ』という強迫観念に駆られ、実際にはやりきれない自分を強く責めることになった経験」を持つ教師たちが増えているという（勝野 2008:54）。

ボールが指摘する偽装という問題、勝野が指摘する自分を責めて追い込んでいく教師が増えているという問題、一見あらわれ方は異なるが、これらはいずれも、遂行性が教師のアイデンティティを動揺させ、教師のなかに「葛藤や不安」呼び込むメカニズムを浮き彫りにしている点で共通している。

学習指導要領などによって指導法や指導の内容が一律に定められていれば、各教師の裁量の余地は狭まるが、その分、教育の結果についての責任が個々の教師の遂行性に負わされることも比較的少ない。これに対して、各学校や教師に権限が委譲され、指導法や指導内容についての自由裁量の余地が広がれば広がるほど、教育の結果責任は各学校や教師の遂行性に帰せられ、かえって現場の自由を抑圧していく可能性が強まる。

これが教師や学校を不安に追い込んでアイデンティティの葛藤をもたらし、偽装などのような形で、ある種の遂行性へのあきらめや「規則のシニカルな遵守」といったシニシズムをもたらしていることを、ボールや勝野の指摘は的確についている。

以上の検討をまとめれば、次のようになろう。教育改革における遂行性の浮上は、「高度にリベラルな」統治によって主体の自由な可能性を開くが、他方でそうした自由は、葛藤と不安へと主体を追い込み、遂行性のシニシズムへと反転する、と。一八歳選挙権の成立をうけて政治教育の実践に委縮する教育現場の雰囲気がもしあるとすれば、それはこうした逆行性のシニシズムの一例といえるかもしれない。しかし、そのようなシニシズムへの反転は、必然なのかどうか。遂行性をシニシズムとは異なる、別様の可能性へと転用する可能性はないのか。次節では、ボールが参照しているバトラーの遂行性論に立ち戻りながらこの点を検討していきたい。

3　遂行性の転用可能性と、その限界

（1）遂行性の転用可能性

ここではまず、ボールがバトラーをひきながら「偽装」について述べている箇所をもう少し詳しく敷衍してみよう。

ボールによれば、偽装とは、「組織や個人がとりうる様々な表現や陳述のなかから選択されたもの」である。学校や大学は「競合し、しばしば矛盾する」多様な個人によって構成されているので、「こうした選択は、政治的真空の中でなされるものではなく、優先権によって、強制によって、また政治的環境が醸成する風土によって方向付けられている」という。そして、偽装が行われる政治的環境の特徴を、フーコー（Foucault, M.）やバトラーを参照しながら以下のように述べる。

「フーコーの言葉を用いて言えば、偽装とは、存在しない組織（や個人）に関する陳述なのである。すなわち偽装は、真理の外部に存在するものでも、単なる真理、直接的な説明（accounts）を提供するものでもない。偽装は『説明可能なもの（to be accountable）』をめざして産出されるのである。…（中略）…バトラー（1990:136＝1999:240）が、やや異なった文脈の中で、そのことについて述べている。『一般的に解釈すれば、そのような行為や身ぶりや演技は、それらが表現していると称している本質やアイデンティティが、じつは身体的記号といった言説的手段によって捏造され保持されている偽装にすぎないという意味で、遂行的なものである。』」(Ball 2006:696)

つまり、偽装とは単なる「真理の外部」にある偽りの自己の表現ではなく、偽装の遂行それ自体が現実世界に働きかけて、「説明可能なもの」を構築するととらえられている。バトラーはそうした遂行を、「演じられる幻想（enacted fantasy）」（先述）とよぶ。

そうした遂行性は、たしかに主体の（ここでは教師の）アイデンティティを不安と葛藤に陥れ、それが「規則のシニカルな遵守」を帰結する可能性は否定できない。しかし同時に他方で、この遂行性に伴う「演じられる幻想（enacted fantasy）」という性格は、それを逆手にとることで、既存のアイデンティティを「幻想」として相対化し、新しいアイデンティティの構築へと転用することもできるのではないか。

この問題を考えるために、バトラーの遂行性概念のモチーフを確認しておきたい。そもそもバトラーが遂行性（performativity）概念を導入した意図は、フーコーの主体概念ののりこえにあった。つまり、フーコーが『監獄の誕生』で明らかにしたような近代的規律訓練権力による「主体化＝従属化」のメカニズム（Foucault 1975）をふまえつつ、そうした主体の同一性に回収されない、多様なアイデンティティ、多様な主体形成の有り様を探ろうという問題関心である（奥野 2006）。

そうした問題関心に立って、バトラーは、フーコーの「従属させていると同時に主体化している身体」に言及し、そうした主体の構築を事後的な結果においてではなく、そのメカニズムにおいてとらえること、そこに、主体構築の政治を読み解くことを提起する。つまり、「内的精神のプロセスを、身体の表面の政治として記述しなおすこと」がここでの眼目である（Butler 1990:135＝

1999:238-239)。遂行性とは、まさにそうした主体構築の政治を記述するための概念として導入されたものである。

したがって、遂行性やそれに伴う「演じられる幻想」は、必ずしも「シニカルな規則の遵守」や既定の同一性に回収されるとは限らず、そうではないアイデンティティへの構築可能性を含む、さまざまな政治的諸力による「転用戦の場」(仁平 2007:143) としてとらえることができる。

それでは、シニシズムや既定の同一性への回収とは異なる、別様の可能性へと遂行性を転用する実践は具体的にどのようなものとしてイメージできるだろうか。この点について、バトラーが述べている例を、次に見てみたい。

(2) 転用の具体例

バトラーは、ガヤトリ・スピヴァクとの共著において、今日の状況を「グローバル・ステイト (global states)」と呼び、そこで「ステイト」の語に「国家」と「状態」の二重の意味をこめてとらえる。バトラーらによれば、グローバリゼーションの進行は国家の位置づけを相対的に変えたが、それは必ずしも政治の舞台からの国家の退場を意味するものではなく、むしろ、グローバルな状態 (state) がもたらす格差問題や社会的排除などの否定的な状況を克服するうえでの、国家 (state) の新たな役割を再構築する可能性があるのではないかという。

その際バトラーは、アメリカ国歌をスペイン語で歌ったヒスパニック系「不法滞在者」の実践に言及する。バトラーが着目するのは、この「ヒスパニック系『不法滞在者』の実践」における「歌うことが複数性の行為となり、複数性の表明となっている」側面である。しかもそれが、集会の自由が禁止、制限されている街路において展開されたことにも注目し、「これこそ、袋小路に陥るのではなく、反乱のかたちで展開できる遂行的（performative）な矛盾」だと指摘する（Butler, Spivak 2007:58–64＝2008:42–46）。つまりここでバトラーは、遂行性のシニシズムを、アイデンティティの構築に内在している矛盾を顕在化させるような主体の遂行性（performative）に依拠することによって、突破しようとしている。

このような例は、学校や教師が遂行性を「規則のシニカルな遵守」に結びつけずに、自らのアイデンティティを構築し直し「複数性の表明」へと開いていく可能性を考えるうえでも示唆的である。ここに、遂行性を転用する一つの可能性を読み取ることができる。

（3）遂行性の限界

しかし、遂行性を「転用戦の場」と位置づけ、その可能性を確認したうえで、そこにはなお検討されるべき問題が残る。それは、たとえ遂行性が既定の同一性に回収されない多様なアイデンティティの構築に結びついたとしても、そのようにして構築されたアイデンティティが結果として異質な他者を排除する同一性に転化しない保証はどこにあるのか、という問題である。

たとえば、先述のアメリカ国歌をスペイン語で歌う遂行性の例でいえば、バトラーが留保を付しているように、「わずかの複雑さを集団のなかに許容するだけで、結局は同質性の再設定でしかない複数性にすぎない」のではないか、言いかえれば、「結局これは新しいナショナリズムの表われにすぎないのではないか」という疑問が生じうる（Butler, Spivak 2007:61–62＝2008:44–45）。

ここには、二つの問題が存在する。第一に、遂行性によって構築されるアイデンティティがその内部に異質な他者との関係をどのような形で組み込みうるかという問題である。第二に、遂行性が「アイデンティティの固定化」にならないような形で「反復」、「再生産」される保証はどこにあるのか（上野・竹村 1999:68）という問題である。

これらの問題は、遂行性概念からだけでは解決することが困難であるという意味で、遂行性の限界を示す問題であるということができるのではないか。実際、バトラー自身が、この二つの問題を自覚し、近年の著作ではそれらの点を展開している。

第一の問題と関わって、バトラーが重視するのが、「自分自身を決して完全には説明（give an account）できない主体とはおそらく、存在の語りえないレヴェルにおいて、倫理的意味を伴うかたちで他者へと関係づけられている」（Butler 2005:135＝2008:247）という認識である。この他者との関係についてバトラーは、自己を説明すること（account of oneself）、つまり説明責任（accountability）の問題と結びつけて展開する（Butler 2005＝2008）(4)。

そしてこの他者論の延長線上で、バトラーは第二の問題、すなわち遂行性が「アイデンティティの固定化」にならないような形で反復し、再生産される条件について、他者との関係に内在する暴力と、そうした暴力を克服するための国家権力の視点から議論する。その際バトラーが注目するのが、ワルター・ベンヤミンの『暴力批判論』である。

そこで次節では、バトラーと、バトラーが参照するハーマッハーらによる近年の『暴力批判論』解釈に拠りながら、遂行性の限界をのりこえる視点を検討していくことにしたい。

4　遂行性から遂行中断性へ

(1) 遂行性の限界をどう超えるか

バトラーらの議論を見る前に、ベンヤミンの『暴力批判論』における「神的暴力」論の要諦を確認しておきたい。ベンヤミンは、既存の法と国家権力を創り出す暴力を「法措定的暴力」、創り出された法を維持する暴力を「法維持的暴力」とし、これらを総称して「神話的暴力」と呼んだ。そしてベンヤミンは、この神話的暴力を廃棄する新しい権力を「神的暴力」として理論化しようとした（Benjamin 1977＝1994）。

バトラーが着目するのは、このベンヤミンの『暴力批判論』における「法措定的暴力」と「法維持的暴力」が一体となった「神話的暴力」と、それへの対抗概念としての「神的暴力」である。

神話的暴力においては、人間の生はギリシア的、ヘレニズム的「神話」の連関におかれ、「法」が「判決を下し、罰を与えることによって主体化＝隷属化を強要する」。これに対して「神的暴力」

は、ユダヤ神学の「戒律」の系譜に位置し、主体を法の拘束から解き放つものである（三原 2006:154）。バトラーはこの点を以下のように述べる。

「神的暴力が放たれるのは、法的枠組みの強制力に対してであり、また、主体を特定の法システムに緊縛し、革命的でないにしても批判的な視点でそうした法システムをとらえるようになることを防ぐような説明責任に対してである。」（Butler 2006:203）

バトラーによれば、このような神的暴力を可能にする条件を、ベンヤミンは二つの思想的軌道に拠って、議論しているという。

第一は、ユダヤ神学の系譜に位置する「神学的軌道」であり、「強制的法に還元され得ない、禁止命令をもたらす戒律（commandment）のもととなるような神聖な神の概念を彫琢する」。そのような戒律は、「強制的で罪を提示するような法の観念」とは異なり、「倫理的な命令と個人的に向き合うことのみを命じる」もので、「そうした命令は上からなされるものではなく、適用可能性の様態や解釈の可能性が、それが拒否されうる条件を含めて開かれているような命令である」という。(5)

第二は、アナーキズムの系譜に位置する政治的軌道であり、「法的システム全体の無力化と解体をもたらすゼネストの条件を彫琢する」（Butler 2006:204–205）ことである。

ユダヤ神学の戒律と、アナーキズムのゼネスト、この両者がベンヤミンにおいて結びつくのは、バトラーによれば、「両方とも、ある種の強制を拒否し、そうした拒否のなかで人間の行為の唯一の基礎となりうる熟議的自由（deliberative freedom）を行使するからである」として、下記のように述べる。

「戒律と向き合う個人は、ゼネストに立ち上がる人々と密接に結びついている。なぜならば、両方とも、ある種の強制を拒否し、そうした拒否のなかで人間の行為の唯一の基礎となりうる熟議的自由を行使するからである。ベンヤミンによれば、厳格なゼネストのもとで、特に、軍隊がその仕事を拒否した場合、『そうした行為によって現実の暴力の水準が縮減される』という。私たちはストライキを国家に対する『行為』と呼ぶとしても、それはヴェルナー・ハーマッハーがいうように行為の省略であり、国家の法の提示、遵守、是認、存続をしないということである。…（中略）…批判を提起するということは、法維持的権力を中断し、無視するということであり、法の遵守から撤退するということであり、法の維持を中止する暫定的な法侵犯に従事しその破壊を実行するということである。」（Butler 2006:219）

バトラーはここで、「人間の行為の唯一の基礎となりうる熟議的自由」を可能にする神的暴力を、ヴェルナー・ハーマッハーのベンヤミン解釈である「遂行中断性（afformative）」論に依拠しつつ、「行為の省略」、「中断」という視点からとらえる。

ハーマッハーによれば、遂行中断性は、遂行性の対立概念である（田崎 1999、2007）。既存の国家権力と法を創り出し維持する神話的暴力は「遂行的（performative）」であるのに対して、この国家権力と法を組み替え新しい社会を作り出す神的暴力は「遂行中断的（afformative）」であるという。すなわち、「法を措定することが、言語行為論の用語法で遂行的行為（performative act）としてとらえられる」のに対して、「措定的行為およびその弁証法の『脱措定』は、少なくとも暫定的には、非遂行的（imperformative）、あるいは遂行中断的（afformative）な政治的出来事と呼ぶことができる」という（Hamacher 1994:115）。そして遂行中断性を以下のように特徴づける。

「遂行中断性、すなわち純粋暴力は、あらゆる道具的、遂行的暴力の『条件』であり、同時に、道具的、遂行的な達成を原則的に宙づりにするための条件でもある。…（中略）…遂行中断性は、あらゆる行為に暗黙のうちに付随する省略であり、あらゆる言語的行為を暗黙のうちに中断する省略である。」（Hamacher 1994:128）

つまり、遂行中断性は遂行性を可能にするとともに、それを宙づりにしつつ、廃棄し刷新することを可能にする。別の言い方をすれば、遂行中断性は、遂行性に伴う意味付与を中断によって遅らせる、そのような「意味の到来の遅延」としてとらえることもできる（清水・大貫・河野・遠藤・鈴木・川端 2009）。

前述のバトラーも指摘しているように、ハーマッハーは遂行中断性のイメージを、ベンヤミンが「暴力批判論」で提起するプロレタリア・ゼネストのイメージと重ね合わせてとらえている(Hamacher 1994:121)。目的達成のための手段である政治的ゼネストとは異なり、プロレタリア・ゼネストは、目的—手段関係の外部に位置する無条件の中断である。

遂行中断性は、学校や教師が遂行性のサイクルに巻き込まれ教師としてのアイデンティティに過剰に自らを固定化させる状況を回避するうえで、重要な視点を提起する。たとえば、勝野正章は筆者の遂行中断性論に言及して、それが「教師が抱え込んでいる不安と緊張の、その根にある葛藤」を「他者に伝えることのできることば」を絶やさないためのヒントになるのではないかと述べる(6)(勝野 2009:30)。

そうだとすれば、遂行中断性は、遂行性の限界を超えるうえで重要な示唆を提供するものであると考えられる。すなわちそれは、遂行性を宙づりにし刷新することを通じて、遂行性が「アイデンティティの固定化」にならないような形で反復し、再生産されるための条件を提示している。

以上をふまえて、この遂行中断性が、遂行性が浮上している今日の教育改革においていかなる意味を持つかについて次に考えてみたい。

(2) 遂行中断性と構成的権力

遂行中断性は、ベンヤミンの神的暴力論に対する解釈として導出された概念であった。つまりそれは、既存の法と国家権力を廃棄し、新しい権力を樹立する政治のあり方を示す概念である。

ネグリとハートは、ベンヤミンの神的暴力が有するこのような新しい権力を樹立するという側面に着目し、「私たちはこの神的暴力を構成的権力（constituent power）と呼ぶ」と述べる（Hardt, Negri 1994:294＝2008:375）。ここでの構成的権力（constituent power）とは、政治制度を創設・構成（constitute）する権力であり、国家の法に先立つ政治の存在を示すものである。ネグリとハートが神的暴力を構成的権力と呼ぶのは、両者ともに、既存の法の外部に位置し、それを刷新し新しい政治制度を構成する行為に関わるからである。

この構成的権力の特徴をみるうえで、ハンナ・アレントの指摘は示唆的である。すなわちアレントによれば、政治制度の基本法である憲法（constitution）の背景には二つの異なる考え方がある。一つは「制限された統治という意味での立憲統治」であり、これは『制限された』統治、法による統治という意味での立憲主義（constitutionalism）」につながる。もう一つは、「新しい国の構成（constitution）」、「まったく新しい権力システムの樹立」という考え方である（Arendt 1963:141–148＝1995:221–231）。アレントはアメリカ独立革命を担った人々にあったのは後者の「新しい権力システムの樹立」であったといい、以下のように述べる。

「彼らにとって主要な問題は、権力をどのように制限するかではなく、どのようにして権力を樹立するかであり、政府をどのように制限するかではなく、どのように新しい政府を創設するかと

いうことだったのである。」(Arendt 1963:148＝1995:231)

構成的権力とは、ここでアレントがいう「新しい権力システムの樹立」と密接に関わっている概念である。したがって、ベンヤミンの神的暴力論から導出された遂行中断性も、この「新しい権力システムの樹立」を可能にする政治の条件を示す概念としてとらえることが可能である。(7) つまり、遂行中断性とは、法の外部に位置し、法を刷新して新しい権力システムを樹立する政治の条件を指し示す概念として位置づけることができる。

遂行中断性をこのように構成的権力との関連でとらえることにより、それが教育改革の文脈で有する意味も明らかになる。たとえば本章ですでに何度か言及しているアメリカのチャータースクールは、有志によって創設される新しい公立学校である。チャータースクールの創設に参加する教師は、教師としての役割遂行をいったん中断し、新しい公教育の創設に参加する市民であると見ることも可能である (Abowitz 2001, Smith 2004、小玉 2007c)。

また、近年日本でも進んでいる学校運営協議会 (コミュニティ・スクール) や生徒、教職員、保護者、市民の参加による学校評議会等を通じた新しい学校づくりの試みなど (宮下・草川・濱田 2008、小玉 2009) も、アレントが提起する「評議会」型共和制の創設に近いものを含んでいる (Arendt 1963:264＝1995:420)。(8) そこには、教師や学校の遂行中断性にささえられた、先述のバトラーがいう「熟議的自由」を行使する市民参加型の学校づくりをめざす思想が読み取れる。

遂行性が浮上している今日の教育改革の現状には、本章の前半で見たようなシニシズムが潜んでいることはたしかである。しかし他方で、このような市民参加型の新しい公教育創設を促す芽も存在しているのではないだろうか。そのように見たとき、遂行中断性は、この後者の芽が育つかどうかを左右する条件をなしている。

5　新しい教育政治学のために

一九九〇年代以降の教育改革で、福祉国家から評価国家への転換のなかで浮上している「説明責任」(accountability) や「遂行性」(performativity) を重視する思想は、本章の前半で見たように、一面では学校や教師をアイデンティティの不安へと追い込み、「規則のシニカルな遵守」といったシニシズムをもたらしつつある。しかし他方で、そうした遂行性は必ずしもシニシズムや既定の同一性に回収されるとは限らず、そうではないアイデンティティへの構築可能性を含む「転用戦の場」でもあることが確認された。

さらにまた、遂行性にはらまれている「アイデンティティの固定化」という限界を超えるためには、遂行性を宙づりにしつつ、廃棄、刷新することを可能にする遂行中断性が重要であることも明らかにされた。

これらの検討から、遂行性や説明責任といった近年の教育改革言説には、決して一義的な意味には回収され得ない多義性があることが示唆される。いわゆる「新自由主義」はその一類型であるが、そうではない別様の可能性も存在し、『教育と教育行政関係』の再政治化」という事態が進行しつつある（三上 2005:142）。

いま、教育研究に求められているのは、そうした再政治化と多義性を読み解く社会科学的視点と共に、その中から選択されるべき新たな公教育のビジョンを探究する人間学的視点である。その際特に、従来の教育研究が前提としてきた政治と教育の関係のとらえ直しの作業が重要な課題となっている。(9)

従来、教育研究は政治権力からの「不当な支配」を制限し、教育価値の自律性、独立性を擁護することに研究の比重がおかれてきた。そのことの意義はふまえられなければならないが、本章の知見にもとづけば、研究の力点は権力の制限のみならず、教育の再政治化を前提とした、権力の構成にも向けられなければならないのではないか。(10) その意味において、社会科学的視点と人間学的視点を統合した新しい教育政治学というべきものの創出が求められている。

本章が検討した遂行性と遂行中断性は、新しい公教育が構築され、政治的コーディネーターとしての教師が存在する条件を示唆するものであるという意味で、まさにそうした教育政治学の可能性を開いている。教育研究はこの点をふまえて、法に先立つ教育政治を見据え、それと正面から取り組む課題に直面しているということができよう。一八歳選挙権の成立を視野に入れた政治教育はまさにそうした文脈に位置づくものであるといえる。第Ⅲ部ではこの点を検討する。

註

（1）Maria（2009）を参照。NCLB法については後述するが、詳細は小玉（2013a）を参照。オバマ政権（二〇〇九―二〇一七）はNCLB法を見直し、各州は学校評価の代替案を示せば、同法の適用を放棄できるとした。

（2）日本の民主党政権（二〇〇九―二〇一二）は、教員免許更新制や全国学力・学習状況調査の見直しを掲げたが、前者については見直しは行われず、後者については二〇一〇年度にそれまでの悉皆調査（全生徒への調査）から抽出調査に変更されたが、自公政権へ交代した後、二〇一四年度からふたたび悉皆調査となった。

（3）ジュディス・バトラーは、ジェンダー・セクシュアリティ論の視点から、主体のアイデンティティ構築における遂行性（performativity）の問題を論じている代表的な思想家である。日本で教育思想史研究の文脈でバトラーを論じたものとしては、奥野（2006）などがある。

（4）その際にバトラーが参照し、依拠するのは、後期のフーコーがポスト福祉国家段階における主体の可能性を論じる文脈で展開するパレーシア（公衆の面前で真理を述べること）に関する論である（Foucault 2001=2002, Butler 2005:125=2008:230）。

（5）ベンヤミンの思想がユダヤ教神学と深く結びついている点、そしてその射程が「歴史哲学テーゼ」における「均質で空虚な時間」の解体にまでおよんでいる点については、今井（1998:204）を参照。

（6）この点に関する筆者と勝野の応答については、小玉（2009）、勝野（2009）を参照。

（7）ベンヤミンとアレントの関係、異同についてはあらためて論じる機会をもちたいが、アレントがベンヤミンの思想から決定的な影響を受けている点については、Arendt（1955＝1986）を参照。また、アレントとベンヤミンをつなぐ共通項としてローザ・ルクセンブルクの存在も重要である（Arendt 1955＝1986、市野川 2005）。

（8）民主党（当時）が政権交代時に「政権政策マニフェスト2009」で創設を唱えていた「保護者、地域住民、学校関係者、教育専門家等が参画する『学校理事会』」は、現行の「学校運営協議会」の延長線上に構想されていた。しかし、政権期間中（二〇〇九―二〇一二）にその実現をみることはなかった。

（9）そのような試みの端緒として、森田・森田・今井編（2003）を挙げることができる。

（10）たとえば、前章でも引用したように、中教審で委員を務めた小川正人は、筆者との応答のなかで、「教育委員会制度を活性化するためには、逆説的かもしれませんけれども、政治化することだと思っています」としたうえで、「政治的な中立性をベースとして首長の権限を排除してきた今の仕組みというのは、時代錯誤というべき、見直すべき時期が来ている」と述べている（今井・苅谷・恒吉・小川・勝野・小玉 2008:32–33）。

Ⅲ　実践：政治的シティズンシップの方へ

第Ⅲ部では、教育の再政治化という状況をふまえて、政治的コーディネーターとしての教師によるシティズンシップ教育が成立する条件を探っていきたい。

まず、一九九〇年代以降の欧米のシティズンシップ教育をいくつかの流れに整理したうえで、そこで特に政治的シティズンシップが有する意味の重要性を明らかにしていく（第七章）。そのうえで次に、政治的シティズンシップの理論家としてイギリスの政治学者バーナード・クリックの理論を検討する（第八章）。そして、クリックのシティズンシップ教育論における鍵概念である政治的リテラシーに焦点をあて、その教育実践の特徴を明らかにする（第九章）。

以上を通じて、教育と政治の関係を位置づけ直す実践として、政治的シティズンシップ教育を焦点化し、その可能性と条件を探る。

第七章　ボランティアから政治的シティズンシップへ

1　シティズンシップへの関心

一九九〇年代以降、欧米諸国でシティズンシップ（市民性）への関心が急速な高まりを見せ、学問研究の領域だけでなく、政治潮流の大きな流れを形成しつつある。後述するように、アメリカ、イギリスでは一九九〇年代に民主党のクリントン、労働党のブレア政権下で「第三の道」の理念にもとづいて、シティズンシップを基軸とした市民参加型社会の構築が追求された。また、同時期の日本でも、一九九八年の特定非営利活動促進法に「市民」のカテゴリーが盛り込まれ、市民を中心とした公共性や政治のあり方を模索する動きが急速に高まった。

この点と関わって、たとえば山口定は、国立情報学研究所のデータベース「雑誌記事索引（国立国会図書館)」によって、日本国内の学術論文で「市民社会」と「公共性」という二つのキーワードを論文タイトルならびに書誌記事中に含む文献数の年次ごとの推移を調査し、「市民社会」については一九九〇年代中葉以降、「公共性」については九〇年代末以降、その件数が急激な増大を示していることを明らかにしている（山口 2004:3-4）。山口は、筆者（小玉）との対談のなかで、このような一九九〇年代以降の「市民社会論のルネサンス」の背景に、特に日本の場合、以下のような事情があったことを強調している。

「日本に『市民』というものはあるのかという問題へと敷衍しますと、NPO法つまり『特定非営利活動促進法』が九八年の三月にできました。その前には阪神・淡路大震災があって、ボランティア運動の高揚があり、ボランティア元年といわれるような状況がありました。それを背景にして市民運動の人たちが頑張って、NPOの公認を求める運動を起こしてこの法律ができたわけですが、それは当時、憲法や行政法の世界では全く存在しなかった言葉を生みました。それまで法律家の用語として『市民立法』という言葉はなかったんです。それがNPO法ができて、これが最初の市民立法となった。」（山口・小玉 2004:7）

ここで山口は、一九九〇年代の「ボランティア運動の高揚」と「市民社会論のルネサンス」との間には密接な結びつきがあることを指摘している。実は、このようなボランティアと市民性、ボランティアとシティズンシップの結びつきは、日本だけでなく欧米における一九九〇年代以降のシティズンシップへの関心の高まりを特徴づける一つの大きな要素になっている。同時に、このボランティアとシティズンシップの結びつきという問題は、そのこと自体をどう評価するかをめぐる、実践的でアクチュアルな関心をうちに含んだ鋭い論争の焦点にもなっている（中野 1999、楠原 2000）。

しかしながら、そうした論争の背後にある思想的、理論的な背景については、これまで必ずしも踏み込んだ分析がなされてきたとはいえない。そこで本章では、ボランティアとシティズンシップの結びつき、および両者の関係について、その思想的、理論的な背景をなす、すでに第三章、第四章でも詳しく検討した「第三の道」やソーシャル・キャピタル（社会関係資本）の概念に注目しつつ明らかにしたい（2節）。そのうえで、それに対する批判的議論とその特徴を検討し（3節、4節）、それをふまえて、ボランティアとシティズンシップの新しい関係のありようを考える（5節）。

2　ボランティア的シティズンシップの台頭とその背景

（1）背景――「新進歩主義宣言」から「第三の道」へ

シティズンシップは、「市民性」、「市民権」などと訳されるが、T・H・マーシャルによれば、それは一八世紀の個人的自由を中心にする市民的権利から出発し、参政権の拡大の中で政治的な権利が加わり、二〇世紀の福祉国家の段階になると「生存権」、「社会福祉」を含む社会権へと拡大発展し、現代の福祉国家的なシティズンシップにつながっているという（Marshall 1998）。

実際、第三章でもみたように、この流れを受けて一九六〇年代にはアメリカ民主党、イギリス労働党などの政権のもとで公民権や社会保障の拡充、教育の平等化といった福祉国家的諸施策が推進された（小玉 1999）。ところが、一九八〇年代以降のサッチャー、レーガンらの新保守主義からの福祉国家批判によって、この福祉国家的シティズンシップは批判の対象にさらされていくことになる。

一九九〇年代にはいると、新保守主義の路線はいったん失速し[1]、アメリカでは、一九九三年に民主党のクリントンが共和党から政権を奪還し大統領に就任した。このクリントン政権一期目の最終年にあたる一九九六年に、再選をめざす民主党指導者評議会（Democratic Leadership Council）は『新進歩主義宣言』と題された文書を刊行した。この文書では、「官僚主義的現状維持に対する左派の自己防衛的な擁護でも、政府を解体しようとする右派の破壊的企てでもない、第三の選択肢」として、政府を「より広範な市民的活動をうながす触媒」へとつくり変えることが提案され、クリントン政権の「新生民主党（New Democrats）」の綱領的文書として注目された（Sirianni,C. and Friedland, L. 2001:267）。つまりここでは、新保守主義が「政府を解体しようとする右派の破壊的企て」であるとして批判されると同時に、一九六〇年代的な福祉国家路線も「官僚主義的現状維持に対する左派の自己防衛的な擁護」であるとして退けられ、これらのいずれでもない「第三の選択肢」として、政府を「より広範な市民的活動をうながす触媒」につくり変える構想が提起されたのである。

そして、このアメリカ民主党の政権構想が、トニー・ブレアのイギリス労働党に影響を与え、「新生労働党（New Labour）」の政権構想に「第三の道」としてカテゴライズ、導入されて、一九九七年における政権獲得の原動力となった。ブレア政権の理論的支柱であるアンソニー・ギデンズは、著書『第三の道』でこの構想を体系化し、それを「旧式の社会民主主義と新自由主義という二つの道を超克する道、という意味での第三の道」であると定義した。その具体的内容としては、「コミュニティの再生」によって「アクティブな市民社会」をつくり、「シティズンシップの尊重」や「公共空間に参加する権利を保証すること」が提起された（Giddens 1998）。

このように、一九九〇年代のニュー・デモクラッツとニュー・レイバーに共通しているのは、レーガン、サッチャーの一九八〇年代の新保守主義（新自由主義）を批判しつつ、他方では、六〇年代までの旧式の社会民主主義、福祉国家の路線をも退け、このどちらでもない第三の道を追求するというスタンスである（大桃 2013）。ギデンズは、このスタンスをより具体的、理論的に敷衍する際の一つの要素として、ソーシャル・キャピタル(2)という概念に注目する。

「旧式の社会民主主義が産業政策とケインズ主義的需要測定を重視するのに対して、新自由主義は規制緩和と市場の自由化に依拠してきた。第三の道の経済政策は、これらとは異なることがらに注目しなければならない。それはすなわち、教育、インセンティヴ、起業的文化、フレキシビリティ、権限委譲、そしてソーシャル・キャピタルの陶冶である。」(Giddens 2000:73)

ギデンズによれば、「ソーシャル・キャピタルとは、投資家が金融資本を利用するように、個人が社会的支援を得るために利用できる社会的信頼のネットワークを指す」という(Giddens 2000:78)。このソーシャル・キャピタル理論によって、ボランティアとシティズンシップを結びつける有力な理論的基盤が提供され、アメリカや日本で影響力を持つこととなる。

(2) ソーシャル・キャピタル理論とシティズンシップの組みかえ

前述のギデンズは、社会学者ジェームズ・コールマンの名を、ソーシャル・キャピタルの概念を「最初に一般的に定式化」した人物として挙げている(Giddens 2000:78)。コールマンは、一九六〇年代のアメリカで教育における福祉国家的平等化政策が必ずしも社会的な不平等の是正をもたらさないという報告(コールマンレポート)を行い、福祉国家的リベラリズムに対する疑念を提起した人物として知られている(小玉 1999:49)。そのコールマンが、福祉国家にかわる社会的平等化の鍵として注目するのが、ソーシャル・キャピタルである。

コールマンによれば、ソーシャル・キャピタルとは、「社会構造の一部をなし、同時に、そこで行為者のある一定の行為をうながすような多様な存在の複合体である」(Coleman 1988:98)。具体的には、地域社会のなかで、そこに住む人々の行為に影響をおよぼすさまざまな「強制力（obligation）と期待（expectation）」、「情報のチャンネル（information channels）」、「社会的規範（social norms）」の総体をさす。これを先述のギデンズ流に敷衍すれば、「社会的信頼のネットワーク」ということになる。コールマンは、そのようなソーシャル・キャピタルが地域社会に存在することによって、「高校中退の可能性を減少させるのにきわめて大きな効果を持つことが実証できる」という（Coleman 1988:118–119）。

このコールマンのソーシャル・キャピタル論をシティズンシップ（市民性）の理論に導入し、一九九〇年代以降のアメリカのシティズンシップ論を主導した一人が、政治学者のロバート・パットナムである。パットナムは、コールマンの枠組みをふまえて、一九六〇年代以降のアメリカ社会においてソーシャル・キャピタルが衰退していることを明らかにしたうえで、「ソーシャル・キャピタルの創造と再生」のためには、教育のなかで「よくデザインされたサービス・ラーニングのプログラム」[3]を導入することが重要であると述べる。それによって、「市民的な知が養われ、市民としての有効性が高められ、社会的責任と自己肯定観が増大し、協力と指導性が教えられ、さらには人種差別の縮減につながるだろう」と述べる。そして特に、「若いころにボランティアを行うことは、成人のボランティアを生み出す最も重要な指標の一つである」という（Putnam 2000:402–405）。

福祉国家的なシティズンシップの段階では、シティズンシップという概念が「市民権」と訳されることからもわかるように、シティズンシップは国家からの福祉国家的なサービスを受ける権利という意味合いで使われる側面があり、実際に地域社会のなかで人と関わって社会をつくっていくシティズンシップという意味合いは必ずしも強調されていなかった。それに対して、ここでパットナムは、ソーシャル・キャピタルの創造、再生の課題とシティズンシップとを結びつけることによって、地域社会や共同体を構成する市民の資質を指すものとしてシティズンシップを位置づける。そして、そうしたシティズンシップ教育の具体的な方法として、ボランティア活動やサービス・ラーニングをはじめ、さまざまな奉仕活動、インターンシップなどに参加し、そういう中でシティズンシップを習得していくという方法論を提起するのである。

日本では金子郁容が、コールマン、パットナムのソーシャル・キャピタル論を導入して、ボランティアによる共同体的な問題解決としてのコミュニティ・ソリューションの理論化を試みている。金子は、「阪神淡路大震災は、日本のボランタリー・ムーブメントの原点であり、現代におけるコミュニティ・ソリューションの発祥である」とし、そこでの市民によるボランティア・グループの活動に注目し、それを意味づける視点としてソーシャル・キャピタル論を導入する。金子によれば、「ソーシャル・キャピタルは、コミュニティの関係性の資源である」から、その差が「コミュニティがうまくゆくこと」の程度を規定するという。その意味で、ソーシャル・キャピタルは「コミュニティ・ソリューションにとっても鍵になる概念のひとつである」と述べる（金子 2002:116, 156–160）。

パットナムや金子の議論に共通しているのは、地域社会や共同体を構成する市民の資質とボランティアとが、ソーシャル・キャピタルの創造、再生の課題を媒介として結びついているという点である。このようなパットナム、金子らによって主張されたボランティア的シティズンシップ論は、一九九〇年代のシティズンシップ論の有力な流れとして台頭し、二〇〇〇年代以降もその影響力を保持してきた。(4) その思想的、理論的な背景に、「第三の道」とソーシャル・キャピタル理論があることは、見てきた通りである。

3 ボランティア的シティズンシップへの批判

以上、一九九〇年代のシティズンシップ論の有力な流れとして台頭したボランティア的シティズンシップ論とその思想的な背景について概観し、検討した。それをふまえて以下では、このボランティア的シティズンシップ論に対する批判的議論とその特徴を検討したい。

まず、ボランティア的シティズンシップ論の思想的な背景をなす「第三の道」論に対する批判を展開しているシャンタル・ムフの議論を取り上げる。シャンタル・ムフはラディカル・デモクラシーの論客として知られているが、(5) 一九九〇年代の新生労働党の政治路線とそれを理論的に支えている「第三の道」論に対して、厳しく批判を行っている。ムフによれば、「左派／右派の対立は、正統な紛争に形式を付与し、それを制度化する手法」であるから、この対立が不在、脆弱である場合、民主主義の活性化は妨げられてしまうという。したがって、「左右の対立を越えた『第三の道』への要請は退けられるべき」であり、「左／右の区別は放棄されるのではなくて、再定式化されるべきなのである」と述べる（Mouffe 2001:31）。

このムフの議論は、一九九〇年代以降のシティズンシップ論に対する批判のひとつの典型を代表するものであり、多くの論者に影響を与えている。日本でも、たとえば中野敏男は、ムフの議論を援用しながら、「ボランティア動員型市民社会論」をポスト福祉国家段階のイデオロギーとして批判し、以下のように述べる。

「権利が単に多元主義的に拡大されたり（『ひとつの生き方として認めるよ』）、アイデンティティの多元性が認められる（『ボランティア活動もいいが本業も忘れては困るね』）だけでは、全く不十分なのである。むしろそこに、不可避な〈抗争〉があることが認められなければならないのである。」（中野 1999:91）

また、この中野論文が掲載された雑誌『現代思想』の同じ号で、渋谷望は、一九九三年に中央社会福祉審議会が提出した「ボランティア活動の中長期的な振興方策について（意見具申）」を取り上げ、その「参加型福祉社会」のビジョンでは「国家福祉の役割の後退が所与とされ、個人の（地域）『コミュニティ』へのボランティア的――無償の――『参加』が『自己実現』の一環として称揚されている」ことを批判的に分析し、その背後に、「万人に無条件に付与されるシティズンシップが衰退し、〈コミュニティ〉への〈責任〉の有無が市民の形象を二分する」という思想を読みとっている。渋谷によれば、この二分法は、「一方に『道徳的コミュニティ』、他方に『非道徳的コミュニティ』を必然的にともない、二者のあいだに質的な断絶を穿つ」ものであるといい、前者（道徳的コミュニティ）への参加を称揚する「〈参加〉への封じ込め」を招くものであるという（渋谷 1999:99, 102–103）。

これらムフ、中野、渋谷らによる批判はいずれも、ボランティア的シティズンシップ論が地域社会の政治的「対立」や「抗争」を隠蔽し、ある一定のコミュニティへの「参加」に人々を「動員」し、そこに「封じ込め」ようとしている点を批判的にとらえている点で、共通の視点を有している。たしかに、次節でも述べるように、ボランティア的シティズンシップ論は経済学的、社会学的用語によって語られる傾向性があり、その結果、そこにある政治的側面が捨象、ないしは軽視される側面があったことは否めず、これらの批判はその点を先駆的に突いたものとして評価できる。

しかしながら、これらの批判は結果として、一九九〇年代以降のボランティア的な実践の高揚とその背後にあるシティズンシップ思想の台頭を、全体として否定する効果を持つ側面があり、これに対しては、ボランティアを動員型のものに収斂させて批判すること自体が逆に、ボランティアの潜在可能性を狭め、「国家社会のシステムを維持強化」する論理に手を貸すことになるのではないかという指摘がなされている（楠原 2000:95）。また、既存のボランティア言説が「動員」や「封じ込め」へのベクトルをもっているとしても、そこに還元され得ない「多様なカテゴリー」に接合されうる」可能性、別の文脈へと「転用」されうる可能性も否定できないのではないかとの指摘もある(仁平 2004:16–17)。

これらの指摘は、「第三の道」以降の思想潮流、特にそこでのシティズンシップ論の台頭の潮流をどのように見るかを考えるうえで、示唆的である。本節で取り上げたムフらの批判はたしかに、「第三の道」以降の思想潮流に対するひとつの批判的視点を提起してはいる。しかしながら、一九九〇年代以降のシティズンシップ論台頭の潮流には、そうした批判に還元できない別の文脈、可能性はなかったのだろうか。次節では、この点を見ていくことにしたい。

4　対立図式を超えて——もう一つのシティズンシップ

前節で取り上げたムフらの批判は一九九〇年代以降のボランティア的シティズンシップ論台頭の背後に「第三の道」の思想潮流を見いだし、その全体に対して批判を加える性格を有している。それに対して、ここでは、この潮流をより分節化してとらえる可能性について考えてみたい。

具体的には、2節で取り上げたソーシャル・キャピタル論をめぐる論点に注目する。一九九〇年代以降のシティズンシップ論には、実はこのソーシャル・キャピタル論に対する評価をめぐって内部に対立、分岐があり、この点に注目することによって、一九九〇年代以降のシティズンシップ論台頭の潮流における、ムフらの批判には還元できない別の文脈、可能性を見いだすことが可能とな

Book review

NOVEMBER 2017

11月の新刊

勁草書房

〒112－0005 東京都文京区水道2－1－1
営業部 03－3814－6861　FAX 03－3814－6854
ホームページでも情報発信中。ぜひご覧ください。
http://www.keisoshobo.co.jp

表示価格には消費税は含まれておりません。

情動の哲学入門
価値・道徳・生きる意味

信原幸弘

理性は補佐役、むしろ情動こそが主役である?!　意識的な感情にとどまらない無数の名もなき情動とともに立ち現れる壮大な哲学的眺望。

四六判上製 288頁　本体2700円
ISBN978-4-326-15450-0

日本政治と カウンター・デモクラシー

岩井奉信・岩崎正洋 編著

現在の日本において民主主義は機能しているのであろうか。国会の外で叫ばれるもう一つの民主主義を通して、日本の政治を捉えなおす。

A5判上製 304頁　本体3700円
ISBN978-4-326-30261-1

帝国の遺産と現代国際関係

納家政嗣・永野隆行 編

勁草法学案内シリーズ
マンション法案内　第2版

鎌野邦樹

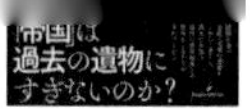

…が浮かび上がる。

A5 判上製 308 頁　本体 4000 円

ISBN978-4-326-30263-5

だ 7 年ぶりの改訂。

四六判並製 336 頁　本体 2300 円

ISBN978-4-326-49936-6

新訂経営学講義

板倉宏昭

現実社会で経営学が果たす機能を具体的に理解しよう。経営学の基本を展開する教科書の改訂新版。独習に配慮した問題集ほかを新たに追加。

A5 判上製 528 頁　本体 3800 円

ISBN978-4-326-50441-1

ジェンダーとセクシュアリティで見る東アジア

瀬地山 角 編著

東アジアの性、家族、社会。何が変わり、何が変わらなかったのか？　2000年代以降の状況を気鋭の研究者たちが新たな視角から切り込む。

A5 判上製 328 頁　本体 3500 円

ISBN978-4-326-60298-8

ガバナンスとリスクの社会理論

機能分化論の視座から

正村俊之 編著

「ガバナンス」と「リスク」をキーワードに企業、行政、宗教といった領域で立ち現れる問題を取り上げ現代社会の理論的解明を試みる。

A5 判上製 192 頁　本体 3500 円

ISBN978-4-326-60299-5

批評について

芸術批評の哲学

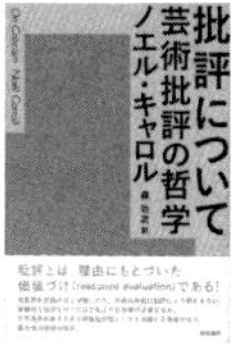

ノエル・キャロル 著

森 功次 訳

批評とは、理にかなった仕方で作品を価値づける作業である！　分析美学の泰斗であり映像批評家としても活躍する著者がおくる、最先端の批評の哲学。

四六判上製 296 頁　本体 3500 円

ISBN978-4-326-85193-5

るのではないかというのが、ここでの問題意識である。

すでにみたように、コールマンやパットナムらによって、地域社会や共同体を構成するシティズンシップとボランティアとが、ソーシャル・キャピタルの創造、再生の課題を媒介として結びついているという点が強調され、このボランティア的シティズンシップ論が、一九九〇年代のシティズンシップ論の有力な流れとして台頭した。

だが、このようなソーシャル・キャピタル論に対しては、その経済学的なメタファーについて批判がなされている。たとえばラディカル・エコノミストのボウルズとギンタス[(6)]は、「資本（capital）とは、所有されうるものをさす」際に用いられる用語であるのに対し、「ソーシャル・キャピタル（social capital）を構成する要素は、人々のあいだの関係を表現するものである」から、「資本（capital）」という経済学的用語を用いるのは不適切であり、むしろ政治学的な「コミュニティの統治（community governance）」という用語を用いるべきであるという（Bowles, S. and Gintis, H. 2002:3–4）。

このボウルズとギンタスの批判は、ソーシャル・キャピタルという概念が、共同体の統治に関わる政治的な側面を捨象している点を批判するものとして重要である。そして、このソーシャル・キャピタル論の非政治的、脱政治的な性格を批判する議論は、一九九〇年代以降のシティズンシップ論台頭の潮流内部にも存在していた。その例として、以下ではハリー・ボイトのシティズンシップ論をやや立ち入って、詳しく参照することにしたい。

ハリー・ボイトは、一九九〇年代のクリントン政権下でベンジャミン・バーバらと共に政権のブレーンとして活躍し、「新しいシティズンシップのための白書」を編纂するグループを形成し、シティズンシップ教育等に関する政策立案に関与した論者である[7]（Barber 2001, Sirianni, C. and Friedland, L. 2001）。ボイトによれば、「クリントン政権下の新しいシティズンシップを構想する議論のなかで、もっとも激しい論争の的になったのは、ボランティアとしてシティズンシップをとらえる見方（the view of citizenship as voluntarism）をめぐってであった」（Boyte 2002b:14）。ボイトは、このボランティアとしてシティズンシップをとらえる見方は、クリントン政権下で台頭し、さらにその後の共和党ブッシュ政権下で、政権の中心理念となったとして、以下のように述べる。

「ブッシュ政権の道徳的枠組みは、シティズンシップに関するある特定のとらえ方に依拠している。それは、ボランティアとしての市民（citizen-as-volunteer）という理念を政策の基本に据えるものであり、九月一一日のテロ事件よりずっと前からのものであった。ブッシュは、大統領選挙ではその当初の公約から、『強者が公正に扱われ、弱者の価値が尊重される国家の崇高な使命』を掲げ、対立候補だったアル・ゴアを、『民衆ではなく政府に信頼をおいている』として非難した。そして、大統領就任演説では、市民による奉仕（citizen-service）をその中心に位置づけ、『私は皆さんに、自分自身の安楽を超えた共通善を追求することを、傍観者でなく市民であることを、そして、まずは隣人からはじめ、やがては国家に奉仕することを、お願いしたいと思いま

す』と宣言した。」(Boyte 2002a:7)

ボイトによれば、この「ボランティアとしての市民(citizen-as-volunteer)という理念」を主導したのが、ロバート・パットナムであったという。

「ブッシュは、ボランティアとしての市民という彼の理念を、今日のアメリカの大学で支配的なシティズンシップ論を唱えている共同体主義理論(communitarian theory)から得ている。この国で共同体主義を主導している理論家は、ハーバード大学教授でアメリカ政治学会会長でもあるロバート・パットナムである。パットナムは、アメリカ合衆国内の生活においてボランタリーな組織が衰退傾向にあることを明らかにしてきた。問題は、そうした衰退傾向をいかにして扱うかという、その方法にある。パットナムは、彼が『ソーシャル・キャピタル』と呼ぶもの、すなわち、ボランティアの精神の再活性化を提唱する。彼は、民主党員でありながら、ブッシュ大統領の就任演説の起草を手伝い、他の共同体主義者たちとともに、『シティズンシップ推進派の大統領』がホワイトハウス入りしたことを祝った。そればかりか、九月一一日以後、合衆国内で社会的連帯が強まる兆しがあることは、新しいシティズンシップのあかしであるとすら主張している。」(Boyte 2002a:7)

以上のようにパットナムのソーシャル・キャピタル理論を位置づけたうえで、ボイトは、このソーシャル・キャピタル理論が、シティズンシップから権力や政治の観点を捨象し、シティズンシップの非政治化、脱政治化をもたらしているとして、以下のように批判する。

「このボランティアとしてのシティズンシップのとらえ方は、権力、政治、そして合衆国と世界に存在する広範な多様性を欠落させている。ブッシュのボランティアリズムに代表されるような『ソーシャル・キャピタル』の理念は、人間の結びつき、慈愛、ケアの積極的なイメージを喚起させ、非人間化され、分断され、物質主義的になった社会において人々の共鳴を誘う。しかしながら、そうした慈愛やケアは、不正と闘う大胆さや勇気、問題に取り組む才能、イデオロギーや価値が鋭く対立するかもしれない異質な他者と関わり合う政治的スキルをもたらしはしない。」(Boyte 2002a:7)

このように、ボイトは、ソーシャル・キャピタル理論にもとづくシティズンシップではなく、「不正と闘う大胆さや勇気、問題に取り組む才能、イデオロギーや価値が鋭く対立するかもしれない異質な他者と関わり合う政治的スキル」に着目し、「アメリカ人が二一世紀の困難な課題に取り組むために国境を超えて他者と関わろうとするならば、私たちが学生や自分たち自身のなかに養成しなければならないのは、まさにこうした資質なのではないだろうか」と述べる(Boyte 2002a:7)。

このようなボイトの議論のなかに、私たちは、ソーシャル・キャピタル理論に媒介されたシティズンシップ論とは異なる、政治的シティズンシップ論とでもいうべきもう一つのシティズンシップの方向性を読みとることができる。

5　ボランティアとシティズンシップの新たな関係に向けて

すでに述べたように、ここで検討したボイトの議論は、一九九〇年代のクリントン政権下で形成され、主張されたものであり、その意味で、広い意味で「第三の道」という思想潮流の一翼に位置づくものであった。ボイト自身、「リベラルも共同体主義も、市民を政治と権力の作用に対して傍観者の位置におき、共通世界を創り出す営みの外部においている点では共通している」として、自分の立場がかつての福祉国家リベラルとも、ソーシャル・キャピタル論に拠る共同体主義とも、異なるものであることを表明している。

したがって、一九九〇年代以降の「新進歩主義宣言」から「第三の道」にいたる思想潮流の内部には、シティズンシップのとらえ方をめぐって、少なくとも二つの流れが、対立をうちに含みつつ存在していたということができる。一つは、パットナムに代表されるような、ソーシャル・キャピタル理論にもとづく共同体主義的シティズンシップ論の流れである。もう一つは、ボイトの立場に代表されるような、政治的シティズンシップ論の流れである。

本章で明らかにしてきたように、ボランティアとシティズンシップの関係は、これまで主に、前者のソーシャル・キャピタル理論にもとづく共同体主義によって解釈され、結びつけられる傾向が強かった。しかしながら、後者の政治的シティズンシップにもとづいてボランティアとシティズンシップの新たな関係を構想することもまた可能なのではないだろうか。このことは、「動員」や「封じ込め」へのベクトルに還元され得ない、より多様な可能性の場へとボランティアの実践をひらき、その政治性を自覚的に生かしていくうえでも、きわめて重要な課題であると思われる。

事実、ボイトらはミネソタを拠点として、そうした視点からの政治的シティズンシップ教育の可能性を追求している（小玉 2003）。この政治的シティズンシップの追求は、本章で明らかにしてきた通り、一九九〇年代以降のシティズンシップ論台頭の文脈に内在するものであるという意味で、欧米のみならず日本においても、現実の政治社会構造の変化に対応しうる実行可能な課題であるということができる。

註

（1）この間の経緯については、さしあたり拙著（小玉 2003）の「プロローグ」を参照されたい。

（2）ソーシャル・キャピタル（social capital）は、直訳すると社会資本であるが、日本語の社会資本は、物理的社会基盤をさす用語として定着しているため、それと区別する意味で、ソーシャル・キャピタル（金子 2002 など）、社会関係資本（志水 2003 など）と表記されることが多い。日本の教育学で、ソーシャル・キャピタルに系統的に取り組んでいる研究として、高野良一のも

郵便はがき

恐縮ですが
切手をお貼
りください

112-0005

東京都文京区
水道二丁目一番一号

勁草書房
愛読者カード係行

(弊社へのご意見・ご要望などお知らせください)

・本カードをお送りいただいた方に「総合図書目録」をお送りいたします。
・HPを開いております。ご利用ください。http://www.keisoshobo.co.jp
・裏面の「書籍注文書」を弊社刊行図書のご注文にご利用ください。ご指定の書店様に至急お送り致します。書店様から入荷のご連絡を差し上げますので、連絡先(ご住所・お電話番号)を明記してください。
・代金引換えの宅配便でお届けする方法もございます。代金は現品と引換えにお支払いください。送料は全国一律100円(ただし書籍代金の合計額(税込)が1,000円以上で無料)になります。別途手数料が一回のご注文につき一律200円かかります(2013年7月改訂)。

愛読者カード

29911-9 C3037

本書名 教育政治学を拓く

お名前《ふりがな》 （ 歳）

ご職業

ご住所 〒 お電話（ ） －

本書を何でお知りになりましたか
書店店頭（ 書店）／新聞広告（ 新聞）
目録、書評、チラシ、HP、その他（ ）

本書についてご意見・ご感想をお聞かせください。なお、一部をHPをはじめ広告媒体に掲載させていただくことがございます。ご了承ください。

◇書籍注文書◇

最寄りご指定書店	
市 町（区）	（書名） ¥ （ ）部
	（書名） ¥ （ ）部
書店	（書名） ¥ （ ）部
	（書名） ¥ （ ）部

※ご記入いただいた個人情報につきましては、弊社からお客様へのご案内以外には使用いたしません。詳しくは弊社HPのプライバシーポリシーをご覧ください。

の（高野 2004）がある。

（3）サービス・ラーニング（service learning）には、奉仕学習という直訳の語感に還元し得ない多義性がある。長沼豊は、コミュニティ・サービス（community service）が日本語の奉仕活動に近く、サービス・ラーニングは「コミュニティ・サービスと教育活動とを密接に結びつけ、教育の手法として再編したものである」と述べている（長沼 2003:163）。

（4）たとえば、金子の提唱するコミュニティ・スクール構想（金子 2002:269–280）がひとつの契機となって、二〇〇四年に、「地域運営学校」の創設を内容とする、「地方教育行政の組織及び運営に関する法律の一部を改正する法律」が成立した。

（5）ムフらのラディカル・デモクラシー論については、拙著（小玉 1999:167–170）を参照。

（6）ボウルズとギンタスについては、前掲拙著（小玉 1999）で詳しく論じた。

（7）ボイトの理論については、拙著（小玉 2003）の「エピローグ」も、あわせて参照されたい。

第八章　政治的シティズンシップの諸相
――クリック・レポートの思想的背景

1　課題としての政治教育

日本の教育基本法第一四条（旧教育基本法では第八条）では「政治教育」の尊重が規定され、第一項で「良識ある公民として必要な政治的教養は、教育上尊重されなければならない」とされている。しかしながら、これまで日本では、この規定はもっぱら同条第二項の党派的政治教育の禁止規定との関係において議論される傾向が強く、第一項に位置づく政治教育の尊重それ自体の積極的な意義を理論的、実践的に検討する作業はきわめて不十分であった(1)。政治教育の課題を理論的に追求していく作業が強く求められている。

そのような政治教育の理論的課題に取り組む際に、前章で検討したボイトらの政治的シティズンシップの系譜と並んで、一九九〇年代以降のイギリスのシティズンシップ（市民性）教育の展開はきわめて興味深い素材を提供している。なぜなら、そこでは、シティズンシップ教育の不可欠な部分として、政治教育への注目がなされているからである。

そこで本章では、イギリスでのシティズンシップ教育政策の展開について、それを理論的に主導している政治学者バーナード・クリックの思想に焦点をあてて、検討する。クリックは、イギリス政府のシティズンシップ教育に関する委員会の委員長を務め、一九九八年の政府答申「学校における民主主義とシティズンシップの教育（*Education for citizenship and the teaching of democracy in schools*）」（以下、「クリック・レポート」と記す）をとりまとめた中心人物である。以下では、この「クリック・レポート」の背景にあるクリック自身の思想を中心的に取り上げたい。その際特に、クリックがなぜ政治教育の必要性を主張するのかを、彼の政治のとらえ方の特徴に注目して明らかにすると共に、それを現代の政治教育をめぐる論争的な文脈に位置づけてみることにしたい(2)。

2　「クリック・レポート」とイギリスのシティズンシップ教育

すでに述べたように、イギリス政府は一九九八年に政治学者のバーナード・クリックらが中心となって、シティズンシップ教育に関する政策文書「クリック・レポート」を発表した。そしてこれにもとづいて、二〇〇二年から、中等教育段階でシティズンシップ教育が必修となった(3)。

この「クリック・レポート」では、シティズンシップを構成する三つの要素が挙げられている。それは、「社会的道徳的責任」、「共同体への参加」、そして「政治的リテラシー」の三つである。このうち、特にクリックが重視するのは第三の「政治的リテラシー」である。

ここで問題となるのが、前記三つの要素のうち、「社会的道徳的責任」や「共同体への参加」と、「政治的リテラシー」との関係である。クリック自身は「政治的リテラシー」を最も重視し、そこに焦点化したシティズンシップをめざしていた。しかし、「クリック・レポート」の中では「政治的リテラシー」は、「社会的道義的責任」や「共同体への参加」に次ぐ、三つの構成要素の第三番目として位置づけられている。

一番目と二番目の「社会的道義的責任」や「共同体への参加」は、どちらかといえば保守的な、共同体に奉仕する市民像にかなり傾斜しているので、これは政治的な市民像をめざすクリックの本意ではなかったのではないか、という疑問が生じる。実はこの点について、クリック自身、自分が政府のシティズンシップ教育の諮問委員会に参加したときのことについて、以下のような興味深い回顧を行っている。

「たまたま私は、次のような権限を付託された教育大臣への諮問グループの座長になった。それは、『学校でのシティズンシップのための効果的教育について諮問すること―デモクラシーにおける参加の性質と実践、市民としての個人の義務、責任、権利、そして個人と社会にとってのコミュニティ活動の価値、を含めて』というものだった。『シティズンシップのための効果的教育』および『参加の実践』の推進と、中央集権化と厳しい統制を求めている現政府の全体的スタイルないし政策、この二つの間には対立（矛盾？）があったし、とりわけ政府与党内部ではそうだった。」（Crick 2002:113–114＝2004:197）

つまり、政府与党内部には「参加の実践」を推進しようと思っている人と、中央集権化と厳しい統制を求めている人がいて、その二つの間には対立があったというのである。しかし、「それについて一時的に目をつむれば、私にとって受け容れることのできる権限だった」、だから、座長になったと書いている。さらに続けて、クリックは次のように述べる。

「幸いにも、政府は完全に一枚岩というわけではないのである。もちろん政府が望んでいるのは、品行方正な振る舞いと善良な市民（good citizens）である。だがそれだけではなく、昔ながらの積極的シティズンシップ（active citizenship）、つまり公民的共和主義の言語と精神が、今でも重要なコンテクストに顔を覗かせている。」（Crick 2002:113–114＝2004:197）

このように、クリックにいわせれば、政府の中には矛盾・対立があって、クリック自身の意見に賛成の人もいるので、ある程度の矛盾には「目をつむって」、政治的リテラシーの項目が曲がりなりにも最終報告書に残ったということを、ひとつの成果として見なければいけない、というわけである。

以上を踏まえれば、クリックのめざす「政治的リテラシー」の教育は、「中央集権化と厳しい統制を求めている現政府の全体的スタイルないし政策」との緊張関係において政策化されたということが重要である。このことの思想的な意味を、なぜ政治的リテラシーなのかという点に注目しながら、さらに考えてみたい。

3　なぜ政治的リテラシーなのか

(1)「ボランティア活動一辺倒」にならないために

クリックによれば、シティズンシップ教育はともすれば「ボランティア活動一辺倒」になりがちであるが、それでは「単なる使い捨ての要員」を育てるだけになってしまうという。そしてそのような「使い捨ての要員」ではなく、「政治文化の変革を担う積極的な市民（アクティブ・シティズン）」の育成をこそ、シティズンシップ教育の中心に位置づけるべきであると主張する（Crick 2002:114–115＝2004:198–200）。そのためには、「政治的リテラシー」（政治的判断力や批判能力）を中心とする政治教育が必要であるというのが、クリックの問題関心である。これは、前章で検討したボイトの政治的シティズンシップ論と共通する視点である。

（2）政治それ自体を擁護するために

クリックにとって、政治教育が必要とされるもう一つの理由は、ほかならぬ政治それ自体を守るためである。この点を理解するためには、クリックが政治をどのようなものとしてとらえているかを見ておくことが重要である。

クリックによれば、民主主義における政治とは「妥協を目的とする、あるいは妥協をともなう、対立調停を旨とする公共的活動」である（Crick 2002:98＝2004:171）。いいかえれば、「政治とは、市民社会において異なった価値観がいかにして共存し、互いに刺激して修正していくことができるかの方法論である」（クリック 1997:66）。このような、「対立調停を旨とする公共的活動」、「異なった価値観がいかにして共存し、互いに刺激して修正していくことができるかの方法論」は、専制国家や全体主義国家には存在しない民主主義国家に固有の政治である。つまり、このような意味での政治を擁護することは、社会を専制や全体主義に転化させないための条件であるとクリックは考えるのである。(4)

そして、政治教育とは、まさにそのような意味での政治それ自体を擁護するためのものとして以下のようにとらえられる。

「政治学者である私が中等教育段階の政治教育に関心をもつのは、中等教育段階の政治教育がそれ自体として意義をもち、公共の利益にかなうからであって、大学教育への準備になるからではない。」（Crick 2000:16）

このように、中等教育段階における政治教育は大学教育（高等教育）に従属するものとしてではなく、それ自身において固有の存在意義を有するものとして把握されている。つまり、中等教育のなかに、大学への準備教育としてだけではない、完成した市民を世の中に送り出すという中等教育に固有の機能を見いだし、その中核に政治的リテラシーの養成を位置づけようとするところに、クリックの議論の特徴がある。

日本の文脈に置き換えていえば、中等教育を政治的リテラシー養成の場として位置づけ、一八歳という高校卒業の段階で政治的市民を世の中に送り出すという課題を、クリックの思想から引き出すことができるだろう。

4　熟議と闘技の間で

以上をふまえて次に、このようなクリックの政治のとらえ方を、現代の政治教育をめぐる論争的な文脈に位置づけてみることにしよう。近年の政治思想研究では、民主主義における政治のとらえ方をめぐって、二つの有力な議論が対立している。まずその二つについて概観し、そのうえで、クリックの政治観を位置づけてみたい。

（1）熟議民主主義（deliberative democracy）

ひとつは熟議民主主義（deliberative democracy）という主張である。deliberate は討論する、熟議する、審議するという意味で、討議民主主義、審議民主主義とも訳される。これは、「所与の共通了解に依らず理性的な熟議を通じた新たな合意形成を重視し、熟議の場としての市民社会を強調する」考え方である（山崎 2005:86）。

たとえば福祉国家段階においては、政府や行政、専門家が最終的な決定権限をもつという前提があった。これに対して熟議民主主義は、そのような前提に拠らずに、市民が参加して議論して決めていこうという要請にもとづいて出てきた考え方である（宮本 2006）。

（2）闘技民主主義（agonistic democracy）

この熟議民主主義に対する批判として主張されているのが、闘技民主主義（agonistic democracy）論で、中心的な論者は第七章でも言及したシャンタル・ムフ（Chantal Mouffe）である。ムフは熟議民主主義（deliberative democracy）を批判し、以下のように述べる。

「deliberative アプローチの欠点のひとつは、公的領域の有効性を措定し、そこでは権力が消去され合理的合意が実現可能とみなすために、民主主義政治のこのモデルは、価値の複数性にともなう抗争性の位相とその除去不可能な性格とを認めることができないことにある。」(Mouffe 2000:98–99＝2006:152–153)

つまり、熟議民主主義は「価値の複数性にともなう抗争性」を認めていないというのがここでの批判である。そこで彼女（ムフ）が提案するのが闘技民主主義（agonistic democracy）である。そこでは、「公的領域から情熱を消去することにより合理的合意が可能になると考えるのではなく、その情熱（passion）を民主主義の企図に向けて動員することにある」という（Mouffe 2000:103＝2006:159）。

両者の違いは、以下のようにとらえ直すことができる。まず、あまり熱くなると合理的な議論ができないので、熱くなるな、というのが熟議民主主義である。議論をするときには熱くならずに議論をしないと、合意できるものも合意できなくなる。このように、合意形成を志向するのが熟議民主主義である。

それに対して闘技民主主義からの熟議民主主義への批判は、価値の複数性にともなう抗争性を認めていないという点にある。したがって、闘技民主主義は、価値の複数性にともなう抗争性を公的領域に位置づけることを主張する。そのためには情熱（passion）を公的領域に位置づけなければいけない。たとえば、ある程度熱くなって議論することが公共性を活性化するためには重要だという。

(3) バーナード・クリックの位置づけ

この熟議民主主義と闘技民主主義の対立をふまえて、クリックの政治観を位置づけると、どのようになるだろうか。

クリックの民主主義論は、すでに述べたように、「妥協を目的とする、あるいは妥協をともなう、対立調停を旨とする公共的活動」、「異なった価値観がいかにして共存し、互いに刺激して修正していくことができるかの方法論」として、政治をとらえようとするものであった。

政治とは、多様な利害や理念を持った人たちが集まっているところで発生するもので、皆が同じ意見、同じ利害であることを前提にすれば全体主義にしかならないというのがクリックの考え方である。多様な異なる利害や理念の対立、葛藤があるところにしか政治は発生しないし、民主主義も発生しない。その際、そうした対立、葛藤をいかに調停するかという点に、クリックの政治論の舞台が設定される。

このようなクリックの政治観は、異なる利害や理念の対立、葛藤があることを前提にするという点では、闘技民主主義に近いということができる。これは、クリックとムフが共に、ハンナ・アレントの「複数性」の議論に影響を受けていることとも密接に関連している。

ただし、クリックの場合は、ムフのように闘うというよりも、むしろ妥協や調停が民主主義にとっては積極的だと言っている。このように議論の収束を想定している点では、クリックの政治観は熟議民主主義と類似している。ただ、クリックの場合はオークショットの保守主義の影響もあるので、熟議民主主義のように理性的な合意形成を積極的に展開はしない。妥協したり調停したりすることで何らかの暫定的な議論の収束を見つけようというのが、クリックの政治論の特徴であるといえる。

以上をふまえれば、クリックの政治観は、熟議民主主義論と闘技民主主義論の中間に位置するといえるのではないだろうか。いいかえれば、熟議民主主義論と闘技民主主義論の間にあって、両者を媒介するものとして、クリックの政治論を位置づけることができる。

5　クリックからアレントへ

熟議民主主義と闘技民主主義は、方向性は異なるが、ある種のオプティミズム（楽観主義）を共有している。熟議民主主義には合意形成へのオプティミズムがあり、闘技民主主義には抗争性の顕在化へのオプティミズムがある。

それに対してクリックの議論には、合意形成へのオプティミズムもないし、抗争性の顕在化へのオプティミズムもない。楽観主義を排し、なおかつ悲観主義に陥らないための政治の可能性を追求しようとする点に、クリックのしたたかな思考を読みとることができる。だとすれば、熟議民主主義と闘技民主主義の間にあって、その両者を媒介するしたたかな思考を行うこと、ここに、クリックの政治教育論を導入する意義を見いだすことができるのではないだろうか。

民主主義において楽観主義を排し、なおかつ悲観主義に陥らないということは、別の言い方をすれば、民主主義が扇動的なポピュリズムや全体主義をもたらすことに警戒的でありつつ、だからといって民主主義や民主主義的市民の可能性を否定しないということである。この点と関わってクリックは、ハンナ・アレントの『全体主義の起源』を参照しながら、「民衆（people）は有効な政治的代表を求めるのに対して、群衆（mob）は自分たちを排除してきた社会を憎悪している」と述べる(5)。つまり、「自分たちを排除してきた社会を憎悪」する群衆ではなく、「有効な政治的代表を求める」民衆を、民主政治の担い手としていくことが、民主主義が扇動的なポピュリズムや全体主義に転化しないための条件であるととらえられている。

ここでいう「有効な政治的代表を求める」民衆こそ、政治的リテラシーを備えた市民のイメージに近く、政治教育の中心的な課題に位置づくものであるということができるだろう。

註

（1）このあたりの事情については、終章も参照されたい。
（2）なお、本章は、小玉（2007a）に、加筆修正を行ったものである。
（3）二〇〇二年にイギリスでシティズンシップ教育が必修化されて以降の展開については、窪田

（2007）、片山（2008）などを参照。

（4）このようなクリックの政治観は、一方における「改善のための単一の手段を求める」社会主義的方法と、他方における「伝統を管理する」だけの（保守主義の思想家として名高い）オークショットのような保守主義者の方法の双方と区別されたものとして考えられている。クリックは、このような自分の政治観を定式化するにあたり、（進歩主義と保守主義の双方を批判した）ハンナ・アレントの著作から示唆を得ていたことを告白している（クリック 1997:66）。また、別のところでは、自身の政治的立場を「一種の左派オークショット主義者」であると述べている（Crick 2000:167）。いずれも、クリックの思想的立場を考えるにあたり、非常に興味深いエピソードである。

（5）Crick,（2002:86＝2004:149）。なお、ハンナ・アレントの複数性をめぐるムフとクリックの継承のしかたの違いについては、本章ではその論点を指摘するにとどめた。この点についてのより詳細な理論的な検討は、今後の課題として位置づけていきたい。

第九章　論争的問題と政治的リテラシー

1　政治的リテラシーとシティズンシップ教育

前章で検討したように、クリック・レポートにおいてシティズンシップ教育の中心に据えられているのは「政治的リテラシー」の教育である（クリック・レポートの邦訳は、長沼・大久保（2012）に収録されている）。本章では、この政治的リテラシーの教育の核心にあるものは何かについて検討する。

日本でも、クリック・レポートの影響を受けて、筆者も委員として参加した総務省の「常時啓発事業のあり方等研究会（佐々木毅座長）」最終報告書（二〇一一年一月）で、「将来を担う子どもたちに対し、主権者としての自覚を促し、必要な知識と判断力、行動力の習熟を進める政治教育を充

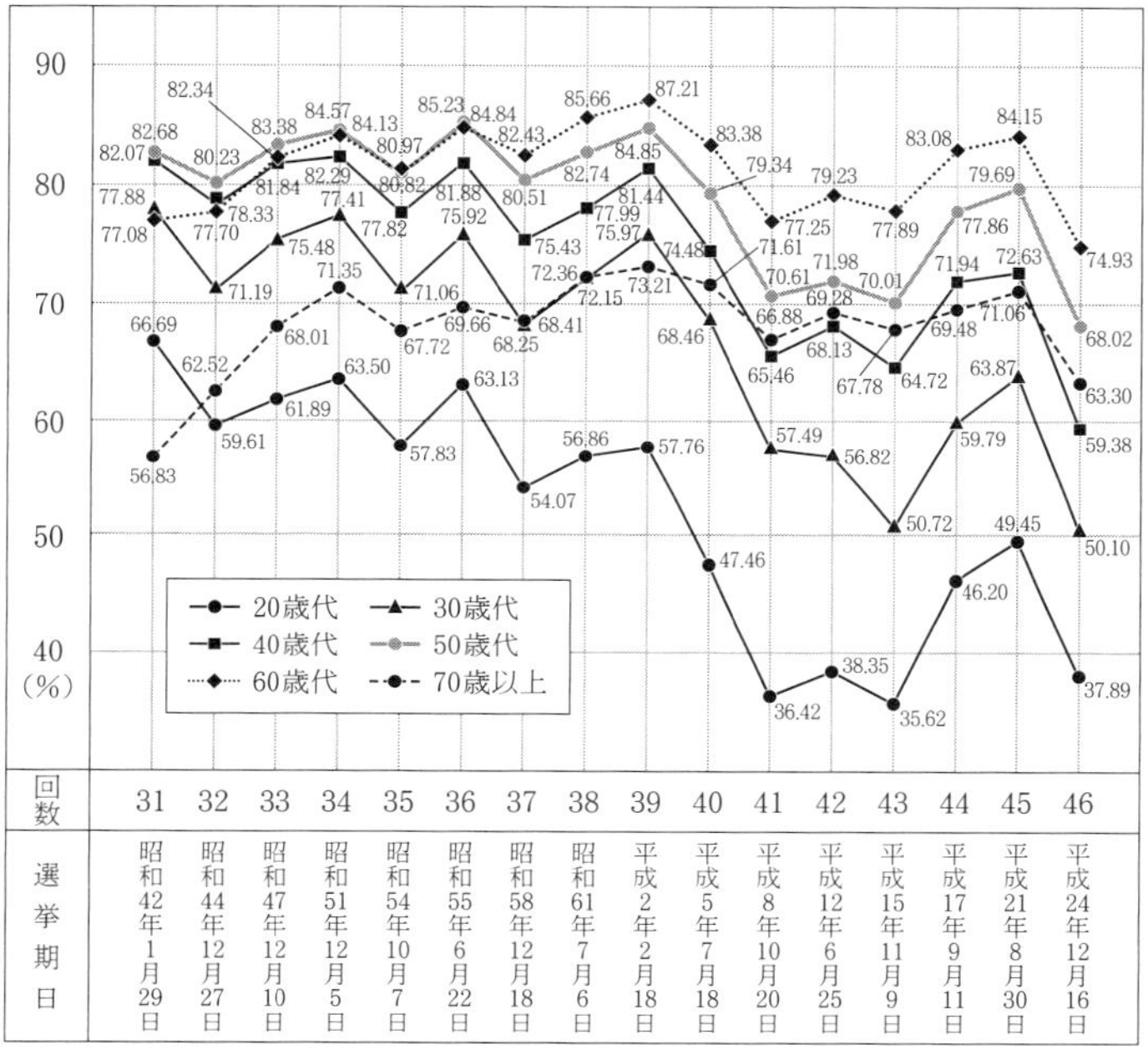

図1　衆議院議員総選挙年代別投票率の推移

（出所：明るい選挙推進協会ホームページより）

実させることは、早急に取り組むべき課題である」とし、特に学校での「政治的リテラシー」の教育を強化することを提言した。

この総務省の提言の背景にあったのは、日本国憲法の改正手続に関する法律（国民投票法）が投票年齢を一八歳以上と定めており、さらにそれに伴い公職選挙法の選挙権年齢が、一八歳以上に引き下げられるという見通しであった。それにもかかわらず、各種選挙における二〇代の投票率は低落傾向にある（図1を参照）。

同報告書では、このような若者の投票率低下について、「若者の選挙離れは学校教育と深く関わる問題である」（同報告書、三頁）と述べ、学校教育における政治教育の必要性を以下のように述べる。

「小学校、中学校、高校とも政治・選挙に関する教育の時間は限られており、政治や選挙の仕組みは教えても、選挙の意義や重要性を理解させたり、社会や政治に対する判断力、国民主権を担う公民としての意欲や態度を身につけさせるのに十分なものとはなっていない。特に、政治的中立性の要求が非政治性の要求と誤解され、政治的テーマ等を取り扱うこと自体が避けられてきた傾向にある。…（中略）…一八歳選挙権が現実のものになろうとしていることや、未成年者も参加する住民投票条例を制定している地方公共団体があることを踏まえると、将来を担う子どもたちに対し、主権者としての自覚を促し、必要な知識と判断力、行動力の習熟を進める政治教育を充実させることは、早急に取り組むべき課題である。」（同報告書、三―四頁）

そうした動向を受けて、文部科学省でも二〇一三年度から、「中・高校生の社会参画に係る実践力育成のための調査研究事業〜未来の主権者育成プログラム〜」を開始し、いくつかの学校に予算措置を行って研究開発を進めた。そこでは、「中・高校生の社会参画意識を高め、主権者として自立するための基礎的な能力や態度を育成することを目指す」ことと、「地域の関係者等と連携し、総合的な学習の時間や特別活動、社会科・公民科、家庭科等の授業を活用して、地域の抱える具体的な課題の解決等に係る体験的・実践的な学習を行うためのプログラムを開発・発信する」ことが掲げられ、特に、「国政選挙や地方選挙と連動した模擬選挙の実施」が盛り込まれていた。

以上のような総務省、文部科学省の一連の動きが一八歳選挙権成立以後の政治教育の流れを準備していくことになる。その点は終章であらためて触れるとして、ここで確認しておきたいのは、そうした一連の動きの底流にあったのが、総務省提言の文言にある政治的リテラシーの教育であったことである。そこで、次に、政治的リテラシーとは何かについて、イギリスでシティズンシップ教育の理論的基礎を築いたバーナード・クリックの議論に拠りながら検討したい。

2　政治的リテラシーと論争的問題の教育

前章で検討した通り、バーナード・クリック（Bernard Crick, 1929–2008）はイギリスを代表する政治学者である。後述するハンナ・アレントの影響を強くうけ、政治教育の重要性を早い段階から主張し続けてきた。クリックが政治教育を重要視する背景にあるのは、政治そのものを擁護しようとする視点である。そうした視点が端的に示されているのは、一九六二年に刊行された著書『政治の擁護』においてである（Crick 1962＝1969）。そこでクリックが強調するのは、政治とイデオロギーの違いである。すなわち、「政治的思考はイデオロギー的思考と対照をなす」といい、「政治はイデオロギーを供給できない。イデオロギーは政治の終末を意味する」と述べる（Crick 1962:36＝1969:49）。イデオロギーというのは、ある特定の考え方に基づいて社会を変革しようとする思想であり、これに対して、政治というのは、ある特定の考え方を主張するのではなく、多様な考え方や価値をいかに共存させ調停させるかに関わるものだというのが、クリックの政治観である。ここから、次のような政治の定義が述べられる。

「政治は、不当な暴力を用いずに、分化した社会を支配する方法なのである。ということは、二重の意味を持つ。歴史的には、利益の相違と道徳的観点の差異とを多彩に含む社会がすくなくともいくつか存在する、ということであり、倫理的には、調停が強制よりも好まれるということである。」（Crick 1962:114＝1969:151）

このように、クリックによれば、政治の本質は、対立の調停や異なる価値観の共存にある。よって、そのような異なる価値が対立している場合に、論争的問題での争点をいかに理解するかにこそ、政治的リテラシーの核心があるということになる。前述したクリック・レポートの全体の構成のなかで、その最終章に位置しているのが「論争的問題をどう教えるか」という節であるのは、まさにこの点と深く関わっている。この「論争的問題をどう教えるか」という点こそが、政治的リテラシーの教育において、中心をなしている。クリックは一九七〇年代に政治的リテラシーの構造図を理

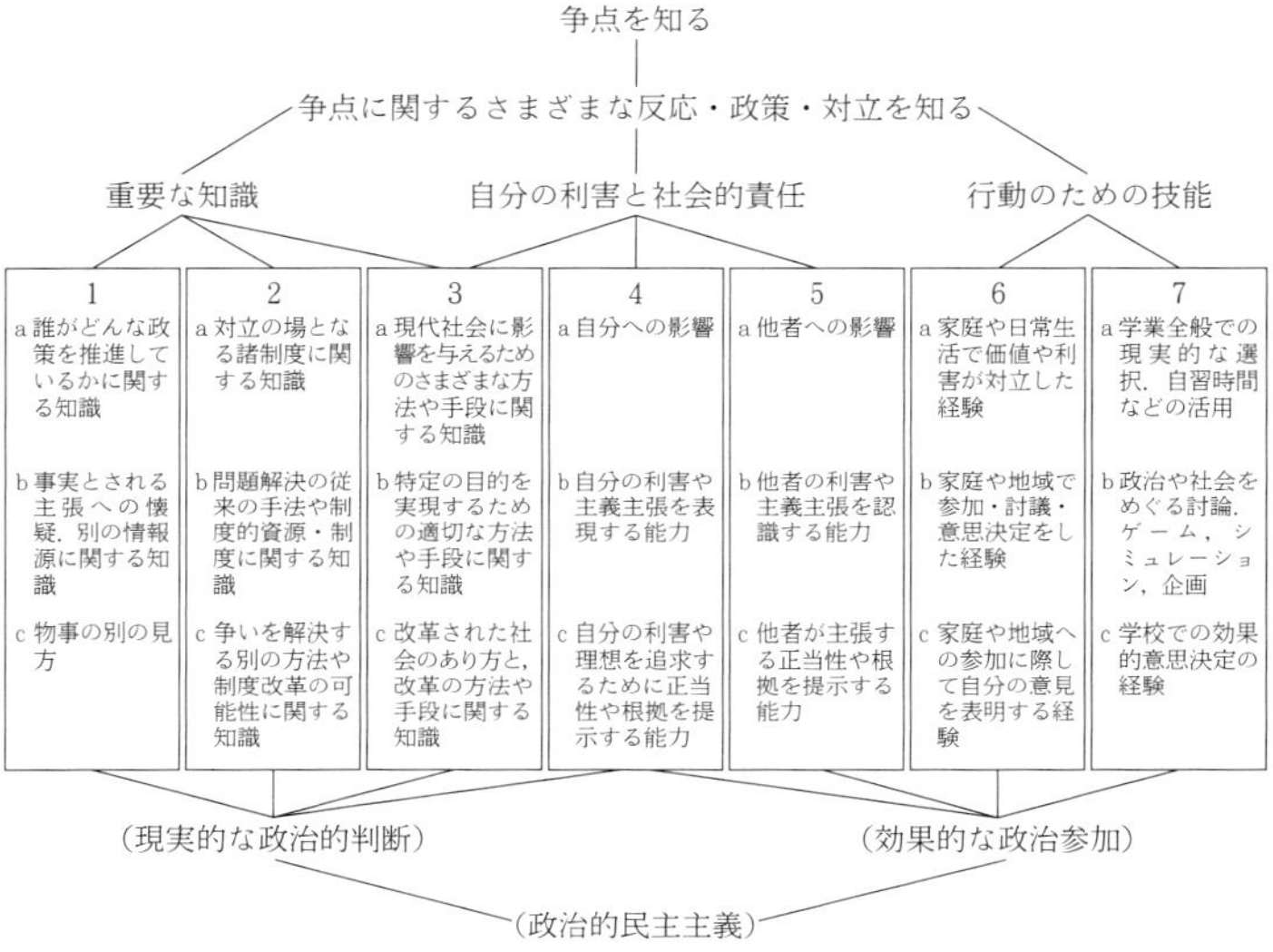

図2　政治的リテラシーの構造

出所：Crick, B., 2000 *Essays Citizenship*, continuum（＝2011　関口正司監訳『シティズンシップ教育論』法政大学出版局）

論化しているが、そこで扇のかなめに位置しているのが、「争点を知る」という点である。(Crick 2000:71＝2011:102、図2を参照)。

これは、すでに『政治の擁護』においても提起されていた点であるが、クリックの政治的リテラシーのとらえ方の特徴をつかむ上での鍵になるところなので、あらためて確認しておきたい。すなわちクリックによれば、「政治とは、相異なる利益の創造的調停である。利益を主に物質的なものとみなすか、精神的なものとみなすかは問わない。実際には、両者が混じり合っているのが普通である」という（Crick 2000:36＝2011:58）。

このようにクリックは、強制によらず調停によって多様な利害や価値観の共存を図るのが、政治の本質だという。そういう意味での政治がないと、社会は、強制に基づく支配の社会になってしまったり、あるいはイデオロギーに基づく唯一の価値観が支配する全体主義の社会になってしまったりする。そういう全体主義や強制が支配する社会に陥らないためにこそ、政治が社会に存在することが重要なのだとクリックは考える。政治的リテラシーとは、まさにそうした多様な利害や価値観の対立のなかにあって何が争点であるかを知ることである。したがって、政治的リテラシーが身についたと言えるのは、「主立った政治論争が何をめぐってなされ、それについて主立った論者たちがどう考え、論争がわれわれにどう影響するかを習得したときである。また、政治的リテラシーが身につくと、特定の争点をめぐって自分で何かをしようとするとき、効果的に、かつ他人の誠意や信条を尊重しながら事に当たるようにもなる」とクリックはいう（Crick 2000:61＝2011:89）。

3　論争的問題の教育の実践例

日本でも、このクリックらの提起をふまえて、論争的問題の教育をシティズンシップ教育に導入する試みが広がりつつある。以下では、筆者が関わったいくつかの学校の実践を紹介したい。

まず、お茶の水女子大学附属小学校では、二〇〇八年度から二〇一〇年度に文部科学省から「小学校における『公共性』を育む『シティズンシップ教育』の内容・方法の研究開発」の研究指定を受け、シティズンシップ教育のカリキュラム開発を行った。その成果を発展させて、同校の社会科は政治的リテラシーの育成を研究課題に掲げ、時事的・論争的な社会事象について、他者との差異や葛藤を重視し、価値判断と意思決定を行う授業研究に積極的に取り組んでいる。

また、神奈川県の教育委員会では、二〇一一年から、すべての県立高校でシティズンシップ教育の推進に取り組み、そのなかで「政治参加教育の推進」が位置づけられている。たとえば、神奈川県で政治参加教育の研究指定を受けた県立湘南台高校では、「総合的な学習の時間」や「現代社会」の時間に政治参加教育を位置づけ、二〇一一年度から、生徒の政治参加意識を高める独自のプログラム「湘南台ハイスクール議会（模擬議会）」の開発と実践に取り組んでいる。そこでは、「任せる政治から引き受ける政治へ」をキーワードとして、前述のクリックの理論にもあった論争的な問題を、太陽光発電や消費税増税、ＴＰＰへの参加、瓦礫の処理といった、世の中で議論されている具体的な争点に即して、与野党に分かれて議論をし、採決するという試みがなされている（市川 2012、川口 2013）。

東京大学教育学部附属中等教育学校でも、社会科においてエネルギー問題や消費税問題など、社会で争点となっている事象を取り上げて考え、議論する授業を展開している。さらに、そうした政治的リテラシーの教育を社会科だけでなく、英語や国語、保健体育科、道徳の時間など、他の教科、時間にも広げて、教科横断的にシティズンシップ教育のカリキュラム開発を行う研究を進めている

（小玉 2015）。

4　考える市民を育てる

この争点を知るという営みにおいて重要なのは、複数の価値や理念が対立しているときに、そのことの意味を深く問い、考えるということである。たとえば、クリックに影響を与えた政治思想家のハンナ・アレントは、考えるということは、自分のなかのもう一人の自分と対話をすること、すなわち、「一者のなかの二者（the two-in-one）」を自分自身の内に構築することであると述べている（Arendt 1971:179–193＝1994:208–224）。考えるということによって、もう一人の自分との対話的思考が促されるというわけである。

このような対話的思考は、政治的リテラシーの教育において、論争的問題の争点がどこにあるのかを深く考えるためにも、きわめて重要な意味を持つ（田中・村松 2014a, 2014b）。以上の視点をふまえて、シティズンシップ教育を行うことにより、これまで以上に、政治的リテラシーの教育を通じて「考える市民」を育てる課題を追求していくことが強く求められている。

5　無知な市民の可能性

特に、二〇一一年三月一一日の東日本大震災による福島第一原子力発電所の事故以降、原発事故の原因や状況、また、放射線被曝の影響についての多くの専門家の発言は必ずしも市民から信頼されておらず、その結果消費者、生産者の双方が不安と負担に悩まされてきた。そしてここで生じた科学や専門家への不信や不安と向き合うためには、専門家の間でも論争があることを隠さず示し市民の側の政治的判断力（政治的リテラシー）を高め、判断を専門家任せにしないような、論争的課題を中心に位置づける教育を行わなければならないことが、教育実践の現場でも痛感されつつある。

ここで重要なのは、シティズンシップ教育におけるシティズン、すなわち市民という概念に、非専門家であるアマチュアという意味が含まれている点である。英米では近年、このような非専門家としてのシティズンシップ（市民性）教育の立場から、市民科学（Civic Science）という視点を基軸に据えたシティズンシップ教育の提案がなされている。そこでは、科学は専門家に独占される知としてではなく、専門家ではないアマチュアである市民の知である市民科学（Civic Science）としてとらえられる。

たとえば、第七章で取り上げたハリー・ボイトらは、以下のような指摘をしている。

「市民科学が示唆するのは、民主主義社会における科学、専門的知識、市民の間の関係の組みかえである。すなわち、市民科学では、市民や公衆が、科学と政治の接点（インターフェース）を左右する鍵を握る。科学と政治の接点はもはや、科学的専門家と政策立案者のみによって排他的に占められる領域ではなくなる。」(John Spencer, Harry Boyte, and Scott Peters 2012)

このように、市民科学では、科学と政治の接点（インターフェース）が重要視される。この科学と政治の接点（インターフェース）は、科学的専門家と政策立案者のみに独占される領域ではない。むしろ、非専門家であるアマチュアとしての市民が鍵を握る領域としてとらえられる。そして、市民がそのような存在になるために政治的判断力（政治的リテラシー）を養成するシティズンシップ教育が位置づけられている。

そして、このような科学と政治の接点（インターフェース）においては、原発や放射線の問題にも端的に示されているように、科学の最先端においても未だ解明されていない、あるいは専門家の間で意見が分かれている、未知の領域や無知の領域が存在している。アマチュアである市民に求められるのは、このような未知の領域、無知の領域があることを自覚し、自分が無知であることを自覚的に受け入れられるようなあり方である（小玉 2013a, 2013c)。

教育哲学者のガート・ビースタは、既存の社会に適応する「良き市民」への対抗案として、「無知な市民（ignorant citizen)」という概念を提唱し、以下のように述べる。

「無知な市民とは、自分がなるべき良き市民像が何であるかについて無知であるような人のことである。無知な市民は、ある意味において、良き市民についての知識を拒絶し、社会に適応することを拒絶し、既定の市民的アイデンティティに縛られることを拒絶する。しかしこのことは、無知な市民が単なる「逸脱者」であることを意味しない。…（中略）…市民としての学びは、知識やスキル、能力や態度の獲得をめざすのではなく、民主主義の実験に絶えずさらされ、関与することをめざすからである。」（Biesta 2011a:152）

答えが一つに定まっていない無知の領域を自覚しつつ、そこでの「民主主義の実験に絶えずさらされ、関与することをめざす」教育こそが、論争的な課題をシティズンシップ教育に位置づける際の条件となる。ビースタの例はこのことを示唆している（Biesta 2011b, 2013）。

終章　一八歳選挙権の時代に教育の再政治化と向き合うために

以上、第Ⅰ部では、一九五〇年代における教育の脱政治化の過程を戦後史の文脈の中でふり返り、それが一九九〇年代以降再政治化していき、その延長線上に一八歳選挙権の成立があることを明らかにした。第Ⅱ部ではそうした教育の再政治化と向き合うための理論枠組みを、教育政治学の創成という観点から掘り下げた。特に、ポスト福祉国家段階における遂行性の担い手である学校や教師の政治的コーディネーターとしての位置づけに注目した。第Ⅲ部では、以上の歴史的、理論的な検討をふまえつつ、学校教育が政治を扱うことの可能性と条件を、政治的リテラシーに焦点化し、政治的シティズンシップの教育という点から明らかにした。

以上をふまえて、終章では、一八歳選挙権の成立と向き合う政治教育の条件を、これまでの議論を整理しつつ確認しておきたい。

1　教育基本法第一四条

すでに何度か触れてきた点だが、この問題を考える上での出発点は教育基本法の第一四条にある政治的教養の尊重ということと、第二項に書かれてある「特定の政党を支持し、または反対するための政治教育や政治活動」は禁止というこの二つの条項の関係をどう考えるか、という問題、いわゆる政治教育と党派教育の関係をめぐる問題である。政治教育を奨励しながら、党派教育を禁止するというこの二つの条項の関係をどうとらえるかという問題。これが戦後の七〇年の歴史の中で、歪んだ形でというか、政治教育そのものが学校の中で行われにくいような状況を形づくってきた。

このような政治教育の形骸化の背景にある一つは、いわゆる冷戦体制下のなかでのイデオロギー対立が教育現場に及ぼした負の影響という問題である。たとえば一九五四年の旭丘中学校事件、それから一九七四年の八鹿高校事件(1)。五〇年代の旭丘中学校事件についていうと、第一章で詳しく見たように、生徒会活動の延長線上で、高校生が政治集会、デモに参加していくという動きが、当時の時代状況の中で、生徒をイデオロギー的に動員したとみなされ、党派教育として批判された。旭丘での教育が果たして政治教育だったのか、それとも党派教育だったのかということが争われ、教育二法の制定につながっていく。それから八鹿高校事件があった七〇年代の問題でいうと、その前に高校紛争があり、その背景には大学紛争があり、高校生・大学生の政治活動がその一部においては暴力的な活動とも結びついていく。そことの関係で発出されたのが、後述する一九六九年の「高等学校における政治的教養と政治的活動について」という通達であった。こういう五〇年代と七〇年代という教育が先鋭的にイデオロギー化した時代の影響も受けつつ、第一四条の第一項が非常に狭められ、ないしは形骸化され、他方で、第二項が肥大化して影響力を持ってきた。本来党派教育を禁止する趣旨であった第二項が学校で政治を扱うことそのものにブレーキをかける方向で機能し、教育の脱政治化が進行するなかで、教室で政治的な問題を扱うことをタブー視する、あるいは学校現場を萎縮させるような空気というものが醸成されてきた。一八歳選挙権が導入されることによって、それがどういうふうに変わっていくのかということが大きな論点になってきている。

2　国民投票法との関係

それでは、いったいなぜいま、一八歳選挙権なのか。直接的な要因としては、国民投票法が国民投票年齢を一八歳以上に定めたということから、今回の公選法の一八歳選挙権が出てきたということが指摘できる。つまりこれは改憲の動きと実は連動しているという問題がある。しかし同時にそのことの射程は、改憲の思想やイデオロギーのみに帰することのできない広がりを含んでいることをも、同時に見ておく必要がある。つまり、第三章でみたように、戦後七〇年を経た日本社会の構造転換が大人と子どもの境界を二〇歳から一八歳に引き下げるという問題とリンクしながら、教育の再政治化と戦後民主主義の再定義、バージョンアップを要請しているという点である。

3　立憲主義＝権力の制限と、憲法制定権力＝権力の樹立

そこで、この憲法改正をめぐる国民投票や戦後民主主義の再定義、バージョンアップとの関連で触れておきたいのが、すでに本書でも繰り返し言及してきたハンナ・アレントのいう憲法制定権力の視点である。第六章で紹介したが、ここであらためて言及しておくと、アレントは『革命について』というアメリカ独立革命を論じた本の中で、「彼らにとって主要な問題は、権力をどのように制限するかではなく、どのようにして権力を樹立するかであり、政府をどのように制限するかではなく、どのように新しい政府を創設するかということだったのである。」[2]と述べている。つまり、アメリカ独立革命がフランス革命やロシア革命といった他の革命と違うのは権力の樹立ということを革命の主要な課題に据えていたということだ、とアレントは述べる。アメリカ独立革命において憲法制定会議というものがつくられて憲法ができていくプロセスがある。そこでの主要な問題は権力の制限ではなくて権力の樹立にあった、政府の制限ではなく政府の創設にあった、というのである。

つまり憲法には二つの側面があって、いわゆる立憲主義と呼ぶ場合の私たちの憲法のとらえ方というものは、権力者や政府の恣意的な行動を制限するために憲法というものは存在するというとら

え方である。これは立憲主義の考え方として国民的に共有されている議論で、特に憲法学者はこの考え方を強調する。他方で、政治学的に言うと、憲法にはもう一つ、権力を樹立し政府を創設するという側面がある。それは、コンスティテューション（constitution）という憲法を意味する英語の動詞形がコンスティテュート（constitute 構成する、創設する）であるということにまさに典型的に現われている。コンスティテュート（創設）するからコンスティテューション（憲法）があるわけで、コンスティテュートするのが誰なのか、という問題である。それは当然人民であり、国民であり、市民であるわけだが、この第Ⅱ部で詳細に検討した構成的権力としての憲法制定権力の担い手である市民をどう位置づけていくのかという問題が、憲法をめぐるもう一つの問題としてある。

戦後七〇年の歴史の中で日本の民主主義における立憲主義のベースになるこの憲法制定権力の立論が、非常に空洞化してきたという問題と、教育基本法の第一四条第一項が空洞化したこととは、実は連動していたのではないか。そしてこの空洞化していた憲法制定権力をどのように位置づけ直すかがあらためて問われている、そういう大きな流れの中で一八歳選挙権の動きが出てきている。憲法体制を担っていく市民をどうつくっていくのかという問題とリンクした形で、一八歳選挙権の問題が出てきていることを見逃してはならない。

シティズンシップ教育を政治的な市民を育てるための教育として正面から位置づけていこう、という議論が政策サイドからも提起されるようになったことの背景にあるのも、そうした事情であると考えられる。その際にあらためて、二つの論点が浮上する。第一は、教育基本法第一四条第一項の政治教育をいかにして実質化していくかという論点である。第二は、第二項で禁止されている党派教育を政治教育からいかにして区別していくのかという論点である。

4　政治的リテラシーと論争的な問題

第一の政治教育の実質化についてであるが、ここでは第九章で述べた政治的リテラシーの概念が鍵となる。二〇一五年秋に総務省と文部科学省が作成した高校生向け副教材『私たちが拓く日本の未来』のなかに、政策の背景にあるこの政治的リテラシーの考え方を見ることができる。同書は、一八歳選挙権の成立を受けて、高等学校における政治教育の充実に資すべく編集されたものである。副教材は、解説編、実践編、参考編の三部構成から成り、さらに、活用のための指導資料が作成されている。全編を通じて、現実の具体的な政治的事象と向き合うようになるための工夫がなされているが、特に実践編において特徴的なことは、論争的問題を取り上げて、対立や争点を正面から位置づけようとしている点である。

たとえば、実践編第二章「話合い、討論の手法」では、話し合いの振り返りで「対立点は何だったのか」（三七頁）に留意がなされ、それにもとづいて、「ディベートで政策論争をしてみよう」という課題が設定されている（三八頁）。さらに、第三章「模擬選挙」では、実際に存在する政党の政策比較を、自分が関心のある政策について行えるワークシートが示される（六六―六七頁）。そしてその作業にもとづいて、複数の政策を座標軸のなかで位置づけ直し、そうした座標軸のなかに政党を位置づける作業が行えるようになっている（六八頁）。これは、現実の具体的な政治的事象においては争われている争点を単なる二項対立のなかでではなく、複数の対立軸のなかにおいてとらえようとするもので、論争的問題を複眼的な視野で見ることをめざすものである。

このように、現実の具体的な政治的事象を論争的問題としてとらえようとする視点はこの副教材に顕著な特徴である。その背景にあるのは、「一般に政治は意見や信念、利害の対立状況から発生するものである」（指導資料、二一頁）とする政治観である。そのような意見や信念、利害の対立している場合に、論争的問題での争点をいかに理解するかという点にこの教材の焦点が据えられている。これは、イギリスでシティズンシップ教育を主導した政治学者バーナード・クリックのいう政治的リテラシーの核心とも軌を一にするものである。第九章でみた通り、クリック・レポートの全体の構成のなかで、その最終章に位置しているのが「論争的問題をどう教えるか」という節であるのは、まさにこの点と深く関わっている。

よって、この副教材は、論争的問題の教育によって政治的リテラシーの涵養を行っていくという視点を有している。

もう一つ、この副教材には重要な特徴がある。それは、実質的にこの教材の作成を担った作成協力者のなかに、一八歳選挙権の実現と中高生や若者の政治参加の機会拡大を求めて長く活動してきたＮＰＯや市民運動のメンバーや教師たちが、数多く名を連ねている点である。これは、総務省や文科省が製作したこの種の教材としては、珍しい特徴である。このことは、今回の一八歳選挙権の実現とその後の教育政策の動きが、こういったＮＰＯや市民運動に関与してきた人たちの日頃からの実践の積み重ねのうえになされていることを示すものである。と同時に、この副教材が一定程度、そうした運動や実践の成果の上に立って作成されていることを示してもいる。

この副教材に関し、公職選挙法上の課題を含め、今後高校での政治教育を進めていくうえで検討すべき課題や懸念が指摘されていることも事実であるが、他方で、これまで政治から排除されてきた若い世代の政治参加拡大を求める運動と実践の一つの成果物であるという側面を有することもふまえておくことが重要である。

5　高校生の政治参加——新旧の通知をめぐって

次に、第二の教育基本法第一四条第二項で禁止されている党派教育を政治教育からいかにして区別していくのかという論点についてみておきたい。この点と関わって取り上げたいのは、二〇一五年一〇月二九日に文部科学省が出した通知「高等学校等における政治的教養の教育と高等学校等の生徒による政治的活動等について（通知）」（以下、新通知と表記）である。これは、前述の一九六九年に当時の文部省が出した通達「高等学校における政治的教養と政治的活動について」（以下、六九年通達と表記）を廃止し、それにかわるものとして出されたものである。

新通知の特徴は、六九年通達と比較することで明らかになる。六九年通達は、先鋭化していた当時の高校紛争への対応を念頭に、高校生の政治活動を禁止することを目的として出されたものであり、「生徒は未成年者であり、民事上、刑事上などにおいて成年者と異なつた扱いをされるとともに選挙権等の参政権が与えられていないことなどからも明らかであるように、国家・社会としては未成年者が政治的活動を行なうことを期待していないし、むしろ行なわないよう要請している」と書かれていた。これに対して新通知では、「一八歳以上の高等学校等の生徒は、有権者として選挙権を有し、また、選挙運動を行うことなどが認められることとなる。このような法改正は、未来の我が国を担っていく世代である若い人々の意見を、現在と未来の我が国の在り方を決める政治に反映させていくことが望ましいという意図に基づくものであり、今後は、高等学校等の生徒が、国家・社会の形成に主体的に参画していくことがより一層期待される」と述べられている。この、六九年通達の「期待していない」から、新通知の「期待される」への変更に、新通知が高校生を政治的主体として期待し、位置づける立場を読み取ることができる。それは、第一章で言及したような保護主義的な子ども・青年把握から、社会参加、政治参加の主体としての子ども・青年把握への転換を促しているということもできるだろう。

新通知のもう一つの特徴は、政治教育のとらえ方にある。六九年通達では、「政治的教養の教育は、生徒が、一般に成人とは異なつて、選挙権などの参政権を制限されており、また、将来、国家・社会の有為な形成者になるための教育を受けつつある立場にあることを前提として行なうこと」としたうえで、「現実の具体的な政治的事象については、特に次のような点に留意する必要がある」として、「現実の具体的な政治的事象」を取り扱うことについては慎重な記載であった。これに対して新通知では、「議会制民主主義など民主主義の意義、政策形成の仕組みや選挙の仕組みなどの政治や選挙の理解に加えて現実の具体的な政治的事象も取り扱い、生徒が国民投票の投票権や選挙権を有する者として自らの判断で権利を行使することができるよう、具体的かつ実践的な指導を行うことが重要」とのべ、「現実の具体的な政治的事象」を取り上げることを積極的に推奨している。つまり、「現実の具体的な政治的事象」の位置づけが六九年通達における消極的なものから、新通知における積極的なものへと、転換している。以上のような背景のなかに、前述したような、政治的リテラシーの涵養をめざした副教材を位置づけることができる。

このように、新通知では論争的な課題を含む現実の具体的な政治的事象に焦点化した政治教育が推奨されている。しかし他方で新通知は、学校内における高校生の政治活動については厳しい制限をかけている。すなわち、「教科・科目等の授業のみならず、生徒会活動、部活動等の授業以外の教育活動も学校の教育活動の一環であり、生徒がその本来の目的を逸脱し、教育活動の場を利用して選挙運動や政治的活動を行うことについて、教育基本法第一四条第二項に基づき政治的中立性が確保されるよう、高等学校等は、これを禁止することが必要であること」と述べられる。さらに、教師の政治的主義主張については、「教員は個人的な主義主張を述べることは避け、公正かつ中立な立場で生徒を指導すること」と述べられる。

このように、新通知では、高校生を政治的主体として位置づけているにもかかわらず、校内での高校生の政治活動は禁止している。この問題をいかに考えればいいのか。たしかに、この通知によって高校生が自治的な活動のなかで政治問題を考えることや、教師がそうした活動を指導していくこと等を萎縮させるのではないか、という深刻な懸念が残る。(3)

しかしながらこの新通知は高校生が校外で政治的活動を行うことを禁止しているわけではない。そうだとすれば、この新通知に示されている政治教育の推奨と校内での政治活動の禁止は、政治教育と党派教育を区別したうえで前者の政治教育を学校のなかに正当に位置づけていくものとして読む方向性も排除されてはいない。ただしそこでの政治教育は、第一章でみた一九五〇年代の政治的子ども・青年把握への回帰を意味するものではない。むしろ、公共性に責任を負う学校での政治教育が高校生を政治的主体として形成し、その高校生が学校の外で自らの判断で政治的活動を行っていく、そして、学校の外に高校生の自由なアソシエーションをつくり出していく、そういう複眼的展望のもとに、生徒会や各教科において、党派教育ではない政治教育を行っていく実践構想を積極的に押し出していくことこそが求められている。

6　おわりに——遂行中断性から中断のペダゴジーの方へ

以上の議論をふまえれば、新通知が「教員は個人的な主義主張を述べることは避け」と書いていることの趣旨は、教育基本法第一四条第二項で禁止されている党派教育を避けるという意味に解するべきであり、教師が自らの研究にもとづく自説や意見を多様な見解のなかの一つとして提示することを排除するものではないことは明らかである。ただし、それはあくまでも、生徒が政治的な主体として形成されるプロセスのなかにおいて位置づけられるべきものである。

生徒が政治的主体になることを促すための教師の実践の特徴を考える際に、教育哲学者のガート・ビースタは示唆に富む提起をしている。すなわち、ふだんの教室で行われている実践のなかで、教師がなにげなく発する「みなさんはこれについてどう考えますか」（What do you think about it?）という問いを「中断のペダゴジー」（pedagogy of interruption）とよび、この中断のペダゴジーにおいては「教育は与える過程であることを止め、問いを発する過程へ、難問を発する過程へと転化する」という。ここでビースタがいう「中断」とは、もう一人の自分との対話によってこれまで自明と思ってきたことを立ち止まって再考するということである(4)。

したがって、中断のペダゴジーにおける問いは、ある答えへと誘導する問いであってはならず、むしろ迷わせ、混乱させるような問いである必要がある。また、そこでの問いは、教育に先立ってあらかじめ答えが決まっている問いではなく、「教育のなかで答えが繰り返されうるような、開かれた問い」であるとビースタは述べる。このような中断のペダゴジーが可能になるためには、第六章で提起した遂行中断性の概念に立脚して、教師自身が自らの「教える」という立場をいったん宙づりにしつつ、教室や学校を過去と未来が衝突する論争的な対話空間に組み替えていくことが求められる。

一八歳以上が参加する日本で最初の国政選挙となった第二四回参議院議員通常選挙は、二〇一六年七月一〇日に投開票が行われた。総務省が七月一一日に公表した一八歳と一九歳の投票率（抽出調査）は一八歳が五一・一七パーセント、一九歳が三九・六六パーセントであった。参院選での二〇歳代の投票率が一九九二年以降、二〇〜三〇パーセント台にとどまっていることと比較すると、今回の一八、一九歳の投票率は高いものであったといえる。また東京都では一八歳の投票率（抽出調査）が六〇・五三パーセントであったという（『東京新聞』七月十七日）。高校生のみに限定すればさらに高い投票率であることが推定される。高校生の政治的主体化は着実にはじまりつつある。その芽を摘み取らないためにも、ここで述べてきたような政治的コーディネーターとしての教師のスタンスこそが、党派教育ではない政治教育の可能性を拓いていくだろう。(5)

註

（1）旭丘中学校事件については本書第一章を、八鹿高校事件については、小玉（2013b）を参照。

（2）Arendt（1963:148＝1995:231）。憲法制定権力と国民投票法をめぐる論点については、『高校生活指導』二〇一号所収の「「政治教育」学習討論会」での竹内常一氏の発言も参照。

（3）そうしたことを念頭に、筆者（小玉）は新通知に関して、二〇一五年九月一六日の朝日新聞で、「政治活動の面では、イデオロギー対立が終わり死文化していた制限がようやく緩和された。ただ、政治教育の面では、具体的な政治的事象の扱いを推奨するなど、全体として一歩前進だ。ただ、懸念もある。まず、校内の政治活動を禁じることで、生徒の自主性が妨げられないか。生徒会が主催の政治討論会など、生徒の自治活動が抑制されかねない。また、教員が主義主張を述べないよう国が求めることは現場の萎縮につながりかねないし、政治的な介入で現場が混乱するおそれもある」とコメントした。新通知への批判としては、中嶋（2015）、安原（2016）を参照。

（4）Biesta（2006:150–151）ビースタの中断のペダゴジーについては、Biesta（2010＝2016）でも言及されている。

（5）中断のペダゴジーについてすでに筆者は何度か言及を行っているが、最近のものとしては、小玉（2015）を参照されたい。また、高等学校での政治教育活性化を提言したものとして、日本学術会議（2016）も参照。

初出一覧

本書の内容は以下の論文をもとにしているが，今回1冊の本としてまとめるにあたって大幅に改稿した．

第一章　戦後教育の脱政治化

・「戦後教育学における子ども・青年把握を問い直す——保護と進歩のユートピアを超えて」日本生活指導学会『生活指導研究15』pp. 3–19，1998.

第二章　教育実践史における再政治化の系譜

・「戦後教育における教師の権力性批判の系譜」森田尚人・森田伸子・今井康雄編『教育と政治／戦後教育史を読みなおす』pp. 94–112，勁草書房，2003.

第三章　自由化のパラドクスと「政治」の復権

・「公教育の構造変容——自由化のパラドクスと『政治』の復権」日本教育社会学会『教育社会学研究』第70集，pp. 21–38，東洋館出版社，2002.

第四章　シティズンシップのアポリアとしての包摂と排除

・「マルチチュードとホモ・サケルの間——グローバリゼーションにおける包摂と排除」教育思想史学会『近代教育フォーラム』15号，pp. 89–102，2006.

第五章　教育政治学の可能性

・「教育政治学の方へ——アルチュセール以後のイデオロギー論に着目して」『日本教育政策学会年報』第18号，pp. 8–17，2011.

第六章　教育における遂行中断性

・「教育改革における遂行性と遂行中断性――新しい教育政治学の条件」日本教育学会『教育学研究』第76巻第4号，pp. 14–25，2009.

第七章　ボランティアから政治的シティズンシップへ

・「ボランティアとシティズンシップ」日本ボランティア学会『日本ボランティア学会2003年度学会誌』pp. 2–15，2005.

第八章　政治的シティズンシップの諸相
――クリック・レポートの思想的背景

・「バーナード・クリックとイギリスのシティズンシップ教育」特定非営利活動法人Rightsほか編『18歳が政治を変える！ ～ユース・デモクラシーとポリティカル・リテラシーの構築～』pp. 202–215，現代人文社，2008.

第九章　論争的問題と政治的リテラシー

・「政治的リテラシーとシティズンシップ教育」日本シティズンシップ教育フォーラム編『シティズンシップ教育で創る学校の未来』pp. 8–15，東洋館出版社，2015.
・「「無知な市民」の可能性」日本シティズンシップ教育フォーラム『J-CEFニュースレター』第1号，pp. 8–9，2013.

終章　一八歳選挙権の時代に教育の再政治化と向き合うために

・「一八歳選挙権で高校教育はどう変わるのか――政治教育と党派教育の間」『高校生活指導』201号，pp. 46–53，全国高校生活指導研究協議会，2016.
・「高校生向け副教材『私たちが拓く日本の未来』を読む――新しい政治教育の可能性と課題」明るい選挙推進協会『Voters』29号，pp. 12–13，2016.

索　引

ア行

カ行

サ行

タ行

ナ行

ハ行

マ行

ヤ行

ラ行

ワ行

文　献

Abowitz, K. K.　2001　"Charter Schooling and Social Justice", *Educational Theory*, Vol.51, No.2.

Agamben, G.　1998　*Homo Sacer*, translated by Daniel Heller-Roazen, Stanford University Press.（＝2003　高桑和巳訳『ホモ・サケル』以文社.）

———　1999　"Bartleby, or On Contingency" in Agamben, G., *Potentialities*, translated by Daniel Heller-Roazen, Stanford University Press pp.243–271.（＝2005　高桑和巳訳『バートルビー』月曜社.）

———　2000　*Means without End*, translated by Vincenzo Binetti and Cesare Casarino, University of Minnesota Press.（＝2000　高桑和巳訳『人権の彼方に』以文社.）

Althusser, L.　1965　*Pour Marx*, Paris（＝1968　河野健二・田村俶訳『甦るマルクスⅠ』人文書院.）

———　1970　"Idéologie et Appareils Idéologiques d' Etat", *La pensée*, 151.（＝1975　西川長夫訳『国家とイデオロギー』福村出版.）

———　1973　*Réponse A John Lewis*, François Maspero.（＝1974　西川長夫訳『歴史・階級・人間——ジョン・ルイスへの回答』福村出版.）

———　1995　*Sur la reproduction*, Presses Universitaires de France.（＝2005　西川長夫・伊吹浩一・大中一彌・今野晃・山家歩訳『再生産について』平凡社.）

荒井文昭　1988　「1970年代における教育政治学の展開——『システム論』に対する批判的検討」東京都立大学教育学研究室『教育科学研究』第7号.

荒井英治郎　2008　「中央政府における教育政策決定構造の変容——『教育の供給主体の多元化』をめぐる政策過程に着目して」日本教育学会『教育学研究』第75巻1号.

Arendt, H. 1955 *Men in Dark Times*, HBJ Book.（＝1986 阿部斉訳『暗い時代の人々』河出書房新社.）

——— *Human Condition*, The University of Chicago Press, 1958.（志水速雄訳『人間の条件』ちくま学芸文庫，1994.）

——— 1962, *Elemente und Ursprünge totaler Herrschaft*, Europäische Verlagsanstalt, Frankfurt am Main.（=1981 大久保和郎・大島かおり訳『全体主義の起源 2』みすず書房.）

——— 1963 *On Revolution*, Penguin Books.（＝1995 志水速雄訳『革命について』ちくま学芸文庫.）

——— 1968 *Between Past and Future*, Viking Press.（＝ 1994 引田隆也・斉藤純一訳『過去と未来の間』みすず書房.）

——— 1971 *The Life of the Mind*, A Harvest/HBJ Book.（＝1994 佐藤和夫訳『精神の生活・上』岩波書店.）

Ariès, Ph. 1960 *L'enfant et la vie familiale sous l'Ancien Regime*, Paris.（＝1980 杉山光信・杉山恵美子訳『〈子供〉の誕生』みすず書房.）

浅田彰 2001 「パウロ＝レーニン的ドグマティズムの復活？——ジジェクの『信仰について』」『批評空間 Web CRITIQUE2001』, http://www.criticalspace.org/special/asada/010701.html, 2001.7.

——— 1983 「アルチュセール派イデオロギー論の再検討」『思想』No.707, 1983.5.

浅野修一 1998 「レトリックのこちら側——再構成された言説」『高校生活指導』137, p.102.

Ball, S. J. 2003 "The teacher's soul and the terrors of performativity", *Journal of Educational Policy*, vol.18, No.2.

——— 2006 "Performativities and Fabrications in the Education Economy: Towards the Performative Society" in Lauder, H., Brown, P., Dillabough, J., Halsey, A.H. (eds), *Education, Globalization & Social Change*, Oxford University Press. (first appearance in 2001)

Barber, B. R. 2001, *The Truth of Power-Intellectual Affairs in*

the Clinton White House, W.W. Norton & Company, New York.

Bassel, L. 2008 "Citizenship as Interpellation: Refugee Women and the State", *Government and Opposition*, Vol. 43, no. 2.

Beck, U. 2000 *What is Globalization?*, translated by Patrick Camiller, Polity.

Benjamin, W. 1977 "Zur Kritik der Gewalt", in *Walter Benjamin Gesammelte Schriften*, vol. Ⅱ・Ⅰ, Herausgegeben von Rolf Tiedemann und Hermann Schweppenhäuser, Suhrkamp Verlag.（＝1994 野村修編訳『暴力批判論・他十篇』岩波書店.）

Biesta, G. J. J. 2006 *Beyond Learning: Democratic Education for a Human Future*, Paradigm.

——— 2010 *Good Education in an Age of Measurement*, Paradigm.（＝2016 藤井啓之・玉木博章訳『よい教育とはなにか』白澤社.）

——— 2011a "The Ignorant Citizen: Mouffe, Rancière, and the Subject of Democratic Education", *Studies in Philosophy and Education*, March 2011, Volume 30, Issue 2.

——— 2011b *Learning Democracy in School and Society*, Sense Publishers（＝2014 上野正道・藤井佳世ロ中村（新井）清二訳『民主主義を学習する——教育・生涯学習・シティズンシップ』勁草書房.）

——— 2013 *The Beautiful Risk of Education*, Paradigm.

Bowles, S. and Gintis, H. 2002 "Social Capital and Community Governance", *Economic Journal*, 112,483, cited from http://www-unix.oit.umass.edu/~gintis/（downloaded on 9/23/2004）

Boyte, H. 2002a "Citizenship: What does it mean?", *The Minnesota Daily*, Monday, September 9, 2002.

——— 2002b "A Different Kind of Politics-John Dewey and the Meaning of Citizenship in the 21st Century", paper prepared for Dewey lecture, University of Michigan, Novem-

ber 1, 2002.
Butler, J. 1990 *Gender Trouble*, Routledge.（＝1999 竹村和子訳『ジェンダー・トラブル』青土社.）
——— 2005 *Giving Account of Oneself*, Fordham University Press（＝2008 佐藤嘉幸・清水知子訳『自分自身を説明すること』月曜社.）
——— 2006 "Critique, Coercion, and Sacred Life in Benjamin's 'Critique of Violence'", in Vries,H.D. and Sullivan,L. E.（eds）, *Political Theologies*, Fordham University Press
Butler, J., Spivak, G. C., 2007 *Who Sings the Nation-State?*, Seagull Books（＝2008 竹村和子訳『国家を歌うのは誰か？』岩波書店.）
千葉律夫 1998 「いわゆる『所沢高校問題』の語り方への異議」『西部ブロック通信』No.69, 高校生活指導研究協議会埼玉西部サークル.
——— 2001 「高校生の共感的関係をどう育てるか」『高校生活指導』150 号.（初出は 1985『高校生活指導』81 号.）
——— 2005 「生活指導運動」『教育の臨界——教育的理性批判』情況出版.
Cogan, J., Derricott, R., eds. 1998 *Citizenship for the 21st Century*, Kogan Page.
Coleman, J. 1988, "Social Capital in the Creation of Human Capital" *American Journal of Sociology*, vol.94, Supplement
Connolly, W. E. 1981 *Appearance and Reality in Politics*, New York, Cambridge University Press.
コウイー＆シャープ編（高橋通子訳） 1997 『学校でのピア・カウンセリング』川島書店.
Crick, B. 1962 *In Defence of Politics*, Weidenfeld and Nicolson.（＝1969 前田康博訳『政治の弁証』岩波書店.）
クリック，バーナード（鈴木俊彦訳） 1997 「思想家，丸山眞男」『丸山眞男の世界』「みすず」編集部編，みすず書房，p.66.
Crick, B. 2000 *Essays on Citizenship*, continuum.（＝2011 関

口正司監訳『シティズンシップ教育論』法政大学出版局.）

——— 2002 *Democracy*, Oxford University Press.（＝2004 添谷育志・金田耕一訳 『デモクラシー』岩波書店.）

Dave, H. 2001 "State Theory and the Neo-Liberal Reconstruction of Schooling and Teacher Education: A Structuralist Neo-Marxist Critique of Postmodernist, Quasi-Postmodernist, and Culturalist Neo-Marxist Theory" *British Journal of Sociology of Education*, Vol. 22, No.1.

Donzelot, J. 1988 "The promotion of the social", *Economy and Society*, Vol.17., No.3. 海老原治善 1988『戦後日本教育理論小史』国土社.

Ferretter, L. 2008 *Louis Althusser*, London and New York, Routledge.

Finn, C. E. Jr., Manno, B. V., Vanourek, G. 2000 *Charter Schools in Action*, Princeton.（＝2001 高野良一監訳『チャータースクールの胎動——新しい公教育をめざして』青木書店.）

Foucault, M. 1975 *Surveiller Et Punir-Naissance De La Prison*, Gallimard.（＝1977 田村俶訳『監獄の誕生』新潮社.）

——— 1978 *The History of Sexuality Volume 1*, translated by Robert Hurley, Penguin Books（＝1986 渡辺守章訳『生の歴史 I 知への意志』新潮社.）

——— 2001 *Fearless Speech*, Pearson, J. (ed.), New York, Semiotext (e)（＝2002 中山元訳『真理とディスクール―パレーシア講義』筑摩書房.）

Fraser, N. 1995 "From Redistribution to Recognition?: Dilemmas of Justice in a 'Post-Socialist' Age", *New Left Review*, No.212, pp.68–93.（＝2001 原田真美訳「再分配から承認まで？——ポスト社会主義時代における公正のジレンマ」『アソシエ 5号』お茶の水書房, pp.103–135.）

藤本卓 1998 「〈世代の自治〉の再発見へ」『高校生活指導』135号.

——— 2001 「真にリスクをかけて語ること——浅野・小玉両氏の

『「学校崩壊」批判を読んで』を批判する」『高校生活指導』148号.

Fukuyama, Francis　1992　*The End of History & Last Man*, Imprint unknown.（＝1992　渡部昇一訳『歴史の終わり（上）（中）（下）』三笠書房.）

Giddens, A.　1998　*The Third Way: The Renewal of Social Democracy*, Polity, Cambridge.（＝1999　佐和隆光訳『第三の道――効率と公正の新たな同盟』日本経済新聞社.）

———　2000　*The Third Way and its Critics*, Polity, Cambridge.（＝2003　今枝法之・干川剛史訳『第三の道とその批判』晃洋書房.）

Godwin, T. M., Steinhart, D. J., Fulton, B. A.　1996　*Peer Justice and Youth Empowerment: An Implementation Guide for Teen Court Program*, Washington, DC: National Highway Traffic Safety Administration, in conjunction with the Office of Juvenile Justice and Delinquency Prevention. http://www.ncjrs.org/peerhome.htm.

五味太郎　1996　『大人問題』講談社.

Graham Burchell, Colin Gordon, Peter Miller（eds.）　1991　*The Foucault Effect: Studies in governmentality*, Harvester Wheatsheaf.

Habermas, Jurgen　1976　*Legitimation* Crisis, London: Heinemann.（＝1979　細谷貞雄訳『晩期資本主義における正統化の諸問題』岩波書店.）

Hall, S.　1985　"Signification, Representation, Ideology: Althusser and the Post-Structuralist Debate"　*Critical Studies in Mass Communication*, vol. 2, no. 2.

Hamacher, W.　1994　"Afformative, Strike", in Benjamin,A., Osborne, P.,（eds.）*Walter Benjamin's Philosophy*, Routledge.

Hardt, M., Negri, A.　1994　*Labor of Dionysus*, University of Minnesota Press.（＝2008　長原豊・崎山政毅・酒井隆史訳『ディオニュソスの労働』人文書院.）

Hardt, M., Negri, A.　2000,　*Empire*, Harvard University Press, Cambridge MA.（＝2003，水島一憲・酒井隆史・浜邦彦・吉田俊実訳『〈帝国〉』以文社.）

――――　2004,　*Multitude*, The Penguin Press（＝2005　幾島幸子訳『マルチチュード（上）（下）』日本放送出版協会.）

長谷川裕　1990「教育における権力の問題――『埼玉教育塾』の教育論を手がかりに」『一橋論叢』103 巻第 2 号.

長谷川裕・小玉重夫　1991「書評・諏訪哲二著『反動的！学校，この民主主義パラダイス』」『高校生活指導』108 号.

Hassel, Bryan C.　1999　*The Charter School Challenge*, Brookings.

平井秀幸　2005「「二人のアガンベン」――1 人の（as a individual）アガンベンの分割可能性（dividuality）によせて」『1990 年代アメリカ教育思想における公共性とシティズンシップ概念の相克と変容』平成 15–16 年度科学研究費補助金基盤研究（(C)(2)）研究成果報告書（研究代表者小玉重夫）pp.45–54.

広田照幸　2001『教育言説の歴史社会学』名古屋大学出版会.

――――　2005『《愛国心》のゆくえ』世織書房.

Hobsbawm, Eric　1994.（＝1996　河合秀和訳『20 世紀の歴史（上）（下）』三省堂.）

本田由紀　2009『教育の職業的意義――若者，学校，社会をつなぐ』筑摩書房.

市田良彦　2010『アルチュセール　ある連結の哲学』平凡社.

市川雅人　2012「湘南台高校のシチズンシップ教育の取り組み」『Voters』6 号，財団法人明るい選挙推進協会.

市野川容孝　2005「暴力批判試論――R・ルクセンブルクと W・ベンヤミン」『現代思想』vol.33–12.

五十嵐顕　1957「旭ヶ丘中学校における教師の研究」『東京大学教育学部紀要』第 2 巻，p.60.

異議あり！編集部編　1973『下級教員宣言』現代書館.

今井康雄　1998『ヴァルター・ベンヤミンの教育思想』世織書房.

今井康雄・苅谷剛彦・恒吉遼子・小川正人・勝野正章・小玉重夫

2008 「格差社会における学校教育の質」『シンポジウム「学校教育の質を問う」報告書』東京大学大学院教育学研究科学校教育高度化センター.
乾彰夫 1990 『日本の教育と企業社会』大月書店.
——— 1992 「書評・苅谷剛彦著『学校・職業・選抜の社会学』」『教育学研究』第59巻第4号，pp.537–539.
Jones, Gill and Wallace, Claire 1992 *Youth, Family and Citizenship*, Open University Press（＝1996 宮本みち子監訳『若者はなぜ大人になれないのか』新評論.）
金子郁容 2002 『新版コミュニティ・ソリューション——ボランタリーな問題解決に向けて』岩波書店.
柄谷行人・浅田彰・大澤真幸・岡崎乾二郎 2005 「来るべきアソシエーショニズム」柄谷行人『近代文学の終わり』インスクリプト，pp.197–271.
苅谷剛彦 1991 「書評・乾彰夫著『日本の教育と企業社会』」『教育学研究』第58巻第3号，pp.270–272.
苅谷剛彦 1995 『大衆教育社会のゆくえ』中央公論社.
片山勝茂 2008 「多文化社会イギリスにおけるシティズンシップ教育」教育哲学会『教育哲学研究』第97号.
加藤哲郎 1986 『国家論のルネサンス』青木書店.
勝野正章 2007 「教育基本法第16条 教育行政」 浪本勝年・三上昭彦編著『「改正」教育基本法を考える』北樹出版.
——— 2008 「教師を判定，評価，比較することの意味」『高校生活指導』177号.
——— 2009 「全国学力調査・評価・PDCA体制を乗り越えるということ」『教育』2009年2月号.
勝田守一 1957 「旭ヶ丘中学校の歩み（歴史的検討）」『東京大学教育学部紀要』第2巻.
——— 1964 『能力と発達と学習』国土社.
勝田守一・堀尾輝久 1971 「国民教育における『中立性』の問題」堀尾輝久『現代教育の思想と構造———国民の教育権と教育の自由の確立のために』岩波書店.

川口英一　2013「良き市民としての自己実現に向けたシチズンシップ教育の取組」『中等教育資料』930号，文部科学省，2013年
河上亮一　1999『学校崩壊』草思社.
姜尚中・水嶋一憲・毛利嘉孝　2006「マルチチュードが〈帝国〉を変える――『グローバルな民主的主体』の希望と可能性」『論座』2006年4月号，朝日新聞社，pp.162-175.
小玉重夫　1990a「戦後教育理論における教育と社会の関係認識をめぐる相克の地平――『教育の社会性』認識における国家論的位相への第一次的接近として」『東京大学教育学部紀要』第29巻.
――――　1990b「現代教育の社会的存立機制把握における国家論的前提――探究のための方法論的序説として」東京大学教育学部教育哲学・教育史研究室『研究室紀要』第16号.
――――　1994a「ハンナ・アレントの統合教育批判――アメリカ合衆国における公民権問題の文脈で」教育哲学会『教育哲学研究』第69号.
――――　1994b「〈学び〉の社会性と〈教え〉の公共性――ハンナ・アレントの公共性論をてがかりとして」『教育』No.575, 国土社.
――――　1996「ポストコロニアルの時代の教育学と生活指導」『高校生活指導』128号，青木書店，pp.82-88.
――――　1998a「市民性の習熟と自己決定――アメリカのティーンコートプログラムに注目して」『高校生活指導』136号，青木書店.
――――　1998b「学習過程の民主化と自治能力の養成――アメリカ合衆国における犯罪少年処遇の改革（ティーンコート）に着目して」『慶應義塾大学教職課程センター年報』9号.
――――　1999『教育改革と公共性――ボウルズ＝ギンタスからハンナ・アレントへ』東京大学出版会.
――――　2000「啓蒙から脱構築へ――戦後生活指導とプロ教師の会」『高校生活指導』146号.
――――　2001「日本における教育改革の現段階」『教育』2001年1

月号，国土社，pp.53–59.
Kodama, Shigeo　2001, “Rethinking Hannah Arendt in the context of politics in 1990’s Japan: For Politicizing　Arendt’s Political Thought”, Paper prepared for Arendt Symposium in Kyoto, “Politicizing Arendt’s Political Thought: How did we read Arendt in 90’s ?”, December 1, Ritsumeikan University, Kyoto, Japan.
小玉重夫　2002 「課題研究Ｉ　教育の国家責任の在り方――学校選択制の分析を通して：教育の公共性に関連づけて」『日本教育行政学会年報』28.
――― 2003 『シティズンシップの教育思想』白澤社.
――― 2005 「グローバリゼーションと教育政策の現在」『情況』2005 年 7 月号，pp.116–125.
――― 2007a 「バーナード・クリックを導入する――政治教育における熟議と闘技の間」高生研編『高校生活指導』172.
――― 2007b 「教育基本法第一四条　政治教育」浪本勝年・三上昭彦編『「改正」教育基本法を考える』北樹出版.
――― 2007c 「学校選択と政治概念の転換」田原宏人・大田直子編『教育のために――理論的応答』世織書房.
――― 2009 「教育における遂行中断性・序説」東京大学大学院教育学研究科教育学研究室『研究室紀要』35 号.
――― 2013a 『学力幻想』筑摩書房.
――― 2013b 「「〈語ること〉と〈聞くこと〉のあいだ――戦後生活指導運動史への一視点として」（口頭発表）日本教育学会第 72 回大会（一橋大学）「特別課題研究　戦後教育学の遺産の記録――担い手への聞き書き調査を中心に」2013 年 8 月 30 日.
――― 2013c 『難民と市民の間で――ハンナ・アレント『人間の条件』を読み直す』現代書館.
――― 2015 「シティズンシップ教育のカリキュラム」東京大学教育学部カリキュラム・イノベーション研究会編『カリキュラム・イノベーション』東京大学出版会.
小玉重夫・荻原克男・村上祐介　2016 「教育はなぜ脱政治化してき

たか――戦後史における一九五〇年代の再検討」日本政治学会『年報政治学』2016-Ⅰ号.
近藤康史　2001『左派の挑戦――理論的刷新からニュー・レイバーへ』木鐸社.
窪田眞二　2007「各国のシティズンシップ教育――イギリス」嶺井明子編『世界のシティズンシップ教育』東信堂.
久冨善之　1998「教育改革における統制と緩和と参加・自治」『教育』1998年3月号，国土社，pp.58-66.
黒崎勲　1989『教育と不平等』新曜社.
楠原彰　2000「ボランティアと市民運動」『日本ボランティア学会1999年度学会誌』.
Laclau, E.　1975 "The Specificity of the Political; the Poulantzas-Miliband debate", *Economy and Society*, vol.5,No.1（＝1985　横越英一監訳『資本主義・ファシズム・ポピュリズム』第2章，柘植書房.）
Laclau, E., Mouffe, C.　1985 *Hegemony and Socialist Strategy*, translated by Moore, W., Cammack, P., Verso（＝1992　山崎カヲル・石沢武訳『ポスト・マルクス主義と政治――根源的民主主義のために』大村書店.）
レイヴ＆ウェンガー（佐伯胖訳）1993『状況に埋め込まれた学習――正統的周辺参加』産業図書.
Leonald, Z.　2005 "Through the Multicultural Glass: Althusser, ideology and race relations in post-civil rights America", *Policy Futures in Education*, Volume 3 Number 4.
Levinson, N.　1997 "Teaching in the Midst of Belatedness: The Paradox of Natality in Hannah Arendt's Educational Thought" *Educational Theory*, Vol.47., No.4.
Lister, R.　2003 *Citizenship-Feminist Perspectives*, Second Edition, New York University Press, New York.
Luxemburg, R.　1913 *Die Akkumulation des Kapitals*, Berlin.（＝2001　大田哲男訳『新訳増補　資本蓄積論』.）
牧野篤　2005「〈外部〉の終焉と新たな自我の構想――グローバリゼ

ーションがもたらす教育学研究の課題」『教育学研究』第72巻第4号，pp.87–100.

Maria, G. 2009 “Obama To Rebrand “No Child Left Behind”” *Washingtonpost.com*, 2009.6.23.

Marshall, T. H. 1998 “Citizenship and Social Class”, in Shafir, G. ed., *The Citizenship Debates*, University of Minnesota Press, Minneapolis.

三原芳秋 2006 「ニオベーの涙――バトラーとベンヤミンに関するメモランダム」『現代思想』vol.34–12.

三上和夫 2005 『教育の経済』春風社.

耳塚寛明 2001 「高卒無業者層の漸増」矢島正見・耳塚寛明編著『変わる若者と職業世界――トランジッションの社会学』学文社，pp.89–104.

宮台真司 1997 『まぼろしの郊外――成熟社会を生きる若者たちの行方』朝日新聞社，pp.224–232.

宮本みち子 2002 『若者が《社会的弱者》に転落する』洋泉社.

宮本太郎 2006 「ポスト福祉国家段階のガバナンス」『思想』983号.

宮下与兵衛・草川剛人・濱田郁夫 2008 『参加と共同の学校づくり』草土文化.

宮澤康人 1998 『大人と子供の関係史序説――教育学と歴史的方法』柏書房.

水嶋一憲 2004 「グローバルな「マグナ・カルタ」と「陳情書」――『〈帝国〉』から『マルチチュード』へ」『InterCommunication』No.50 Autumn 2004, NTT出版，pp.42–45.

持田栄一 1965 『教育管理の基本問題』東京大学出版会.

文部省 1969 「高等学校における政治的教養と政治的活動について（通達）」.

文部科学省 2015 「高等学校等における政治的教養の教育と高等学校等の生徒による政治的活動等について（通知）」2015年10月29日.

森田明 1993 「政治教育」日本教育法学会編『教育法学辞典』学陽書房.

森田尚人 1992 「教育の概念と教育学の方法——勝田守一と戦後教育学」『教育学年報1 教育研究の現在』世織書房.

——— 2008 「旭丘中学事件の歴史的検証（上）」中央大学教育学研究会『教育学論集第五十集』.

森田尚人・森田伸子・今井康雄（編著） 2003 『教育と政治 戦後教育史を読みなおす』勁草書房.

森田伸子 1994 「子どもとユートピア——〈いまとここ〉への帰還」『季刊 窓』22.

——— 1998.3 「戦後の終わりとティーンエイジャーの創出——子ども史の1950年代」『日本女子大学紀要 人間社会学部』第8号，p.241.

Mouffe, C. 1993 *The Return of the Political*, Verso.（＝1988 千葉眞他訳『政治的なるものの再興』日本経済評論社.）

——— 2000 *The Democratic Paradox*, Verso（＝2006 葛西弘隆訳『民主主義の逆説』以文社.）

Mouffe, C.／石田雅樹訳 2001 「グローバル化と民主主義的シティズンシップ」『思想』2001年5月号，岩波書店，pp.24–34.

長沼豊 2003 『市民教育とは何か——ボランティア活動がひらく』ひつじ書房.

長沼豊・大久保正弘編 2012 『社会を変える教育』キーステージ21.

長洲一二・行田良雄編 1964 『人づくり論』三一書房.

中嶋哲彦 2015 「主体的政治参加のための政治的教養と内発的参加要求」『世界』876号，岩波書店.

中野敏男 1999 「ボランティア動員型市民社会論の陥穽」『現代思想』vol.27–5, 1999.5., 青土社.

中内敏夫・竹内常一・中野光・藤岡貞彦 1987 『日本教育の戦後史』三省堂.

Negri, A. 1997 *Le pouvoir constituant*, PUF（=1999 杉村昌昭・斉藤悦則訳『構成的権力』松籟社.）

仁平典宏 2004 「ボランティア的行為の〈転用〉可能性について——野宿者支援活動を事例として」『社会学年報』第33号，東北社会学会.

——— 2007 「『国士』と『市民』の邂逅——右派の創った『参加型市民社会』の成立と変容」武蔵社会学会『ソシオロジスト』9号.
日本学術会議　2016 「18歳を市民に——市民性をめざす高等学校公民科の改革」
荻原克男　2001, 「1990年代教育政策『変容』への一視角——行政コミュニケーション形式に焦点を当てて」一橋大学〈教育と社会〉研究会『〈教育と社会〉研究』第11号, pp.20–28.
岡田温司　2002 「アガンベンへのもうひとつの扉——詩的なるものと政治的なるもの」アガンベン（岡田ほか訳）『中味のない人間』人文書院, pp.191–239.
奥野佐矢子　2006 「言語のパフォーマティヴィティによる主体構築に関する考察——ジュディス・バトラーの思想を手がかりとして」教育哲学会『教育哲学研究』第93号.
大桃敏行　2013 「教育のガバナンス改革とNPMと新自由主義」『日本教育政策学会年報2013』第20号.
大澤真幸　1998 『戦後の思想空間』筑摩書房.
——— 2000 「責任論——自由な社会の倫理的根拠として」『論座』2000年1月号.
大田直子　1994 「スティーブン・ボール教授とイギリス教育政策分析について」『教育学年報3』世織書房, pp.192–194.
——— 2002 「イギリスの教育改革——『福祉国家』から『品質保証国家』へ」『現代思想』vol.30–5.
——— 2004 「国家の教育責任の新たなる在り方——イギリス『品質保証国家』の教育政策」日本教育学会『教育学研究』第七一巻第一号.
大嶽秀夫　1994 『自由主義的改革の時代』中央公論社.
大塚英志　2001 『戦後民主主義のリハビリテーション——論壇でぼくは何を語ったか』角川書店.
尾崎ムゲン　1999 『日本の教育改革』中央公論新社.
Poulantzas, N. 1978 *L'état, le pouvoir, le socialisme*, Presses Universitaires de France（＝1984　田中正人・柳内隆訳『国

家・権力・社会主義』ユニテ.）
Putnam, R.　2000　*Bowling Alone: The Collapse and Revival of American Community*, Simon and Schuster, New York.
佐伯啓思　1997　『「市民」とは誰か――戦後民主主義を問いなおす』PHP 研究所.
斉藤寛　2001　「公教育批判を生き継ぐ」『教育の可能性を読む』情況出版.
酒井隆史　2005　「〈帝国〉における包摂と排除――「生政治」についてのノート」西谷修ほか『非対称化する世界』以文社，pp.105–140.
佐々木毅　1983　「ポスト・ビヘイヴィオラリズムその後」『国家学会雑誌』第 96 巻第 5・6.
――――　1986　『保守化と政治的意味空間』岩波書店.
――――　1991　「構造的再編成の政治過程」東京大学社会科学研究所編『現代日本社会 5　構造』東京大学出版会.
――――　1993　『アメリカの保守とリベラル』講談社.
――――　1999　『政治学講義』東京大学出版会.
佐藤学　2009　「教育の現在，そして未来に向けて」『現代思想』vol.37–4, 青土社
――――　2012　『学校改革の哲学』東京大学出版会.
五月　2003, 「『〈帝国〉』から『ホモ・サケル』へ」初出:「[本] のメルマガ」第 156.5 号，http://biblia.hp.infoseek.co.jp/g/bio-5go.htm，2006 年 3 月 28 日アクセス（＝http://back.honma-ga.net/?eid=3064　2016 年 7 月 12 日アクセス).
関曠野　1998　「教師固有の権利をどう実現するか」『ひとネットワーク』第 2 号，太郎次郎社.
渋谷望　1999　「〈参加〉への封じ込め――ネオリベラリズムと主体化する権力」『現代思想』vol.27–5, 青土社，pp.94–105.
志水宏吉　1996　「コンプリヘンシブ・スクールの変容」『教育学年報 5』世織書房，pp.395–422.
――――　2003　『公立学校の挑戦――「力のある学校」とはなにか』岩波書店.

清水信臣・大貫隆史・河野真太郎・遠藤不比人・鈴木英明・川端康雄 2009 「討議―批評的アクションをめぐって」『レイモンド・ウィリアムズ研究 第1号』レイモンド・ウィリアムズ研究会.

Sirianni, C. and Friedland, L. 2001 *Civic Innovation in America*, University of California Press, Berkeley and Los Angels.

Smith, S. 2004 "School Choice through a Foucauldian Lens: Disrupting the Left's Oppositional Stance", in Rofes, E., and Stulberg, L. M. (eds), *The Emancipatory Promise of Charter Schools: Toward a Progressive Politics of School Choice*, State University of New York Press.

曾野綾子 2000 「教育改革国民会議第一分科会報告 日本人へ」『文芸春秋』2000年10月号, pp.107–110.

Spencer, John, Boyte, Harry, and Peters, Scott 2012 "Civic Science", *Newsletter of the American Commonwealth Partnership*, August, 2012 Issue #6.

杉田敦 2004 「主権・境界線・政治」『思想』2004年第3号, pp.1–4.

諏訪哲二 1989 『イロニーとしての戦後教育』白順社.

——— 1998 『ただの教師に何ができるか』洋泉社.

——— 1999 『教師と生徒は〈敵〉である』洋泉社.

田口富久治 1982 『現代資本主義国家』御茶の水書房

高野良一 2004 『教育システムにおけるソーシャル・キャピタル形成の理論的及び実証的研究』平成14–15年度科学研究費補助金萌芽研究研究成果報告書（研究代表者 高野良一）.

竹内常一 1993 『日本の学校のゆくえ』太郎次郎社.

——— 1995 『竹内常一 教育のしごと 第1巻 生活指導論』青木書店.

Talmadge, E., 2005, "Japan party's win should boost privatization plan", *USA TODAY*, Monday, September 12, 2005, 13A.

田中宏 1992 「構造―イデオロギー関係の転換――アルチュセールの社会構想とその批判的乗り越え」『思想』岩波書店818.

田中智輝・村松灯 2014a 「政治的リテラシーの重層性――論争的

問題を扱った授業を手がかりに」日本シティズンシップ教育フォーラム第1回シティズンシップ教育ミーティング第2セッション発表，立教大学，2014年3月15日.
――― 2014b 「政治的リテラシーの重層性――J. ランシエールの「政治」と「ポリス」に着目して」日本教育学会第73回大会テーマ型研究発表，九州大学，2014年8月23日.
田崎英明　1999 「精神分析と遂行中断性」『情況』vol.10-6.
――― 2007 『無能な者たちの共同体』未来社.
Thrupp, M., Hursh, D. 2006 "The Limits of Managerialist School Reform: The Case of Target-Setting in England and the USA" in Lauder, H., Brown,P., Dillabough,J., Halsey,A. H. (eds), *Education, Globalization & Social Change*, Oxford University Press.
上野千鶴子・竹村和子　1999 「ジェンダー・トラブル」『現代思想』vol.27-1, 青土社，pp.44-77.
氏岡真弓　2005 「中・高広がる模擬投票」『朝日新聞』2005年9月11日朝刊12版，p.15.
後房雄　1997 「戦後民主主義のバージョンアップ」山口二郎他編『連立政治　同時代の検証』朝日新聞社，pp.7-93.
渡辺治　1991 「現代日本社会と社会民主主義」東京大学社会科学研究所編『現代日本社会5　構造』東京大学出版会.
山口定　2004 『市民社会論――歴史的遺産と新展開』有斐閣.
山口定・小玉重夫　2004 「市民社会とシティズンシップ教育をめぐって」『グラフィケーション』132号，富士ゼロックス.
山崎望　2005 「再配置されるシティズンシップ」『思想』974号，p.86.
Youdell, D. 2006 "Subjectivation and performative politics Butler thinking Althusser and Foucault: intelligibility, agency and the racednationedreligioned subjects of education" *British Journal of Sociology of Education*, vol. 27, no. 4.
安原陽平　2016 「高校生の政治学習・政治活動・『新通知』批判」教育科学研究会編『18歳選挙権時代の主権者教育を創る』新日

本出版社.

Zizek, S., 2000 "Class Struggle or Postmodernism? Yes, please!" in Butler, J., Laclau, E., Zizek, S., *Contingency, Hegemony, Universality: Cotemporary Dialogues on the Laft*, Verso.（＝2002　竹村和子・村山敏勝訳『偶発性・ヘゲモニー・普遍性』青土社.）

著者略歴

1960年生まれ。東京大学大学院教育学研究科博士課程修了。博士（教育学）（東京大学）。

慶應義塾大学教職課程センター助教授，お茶の水女子大学大学院人間文化創成科学研究科教授などを経て，

現在　東京大学大学院教育学研究科教授

主著　『教育改革と公共性――ボウルズ＝ギンタスからハンナ・アレントへ』（東京大学出版会，1999），『シティズンシップの教育思想』（白澤社，2003），『教育思想史で読む現代教育』（共著，勁草書房，2013），『難民と市民の間で――ハンナ・アレント『人間の条件』を読み直す』（現代書館，2013），『学力幻想』（筑摩書房，2013），『カリキュラム・イノベーション――新しい学びの創造へ向けて』（共著，東京大学出版会，2015），『教育の再定義』（共編，岩波書店，2016）

教育政治学を拓く
18歳選挙権の時代を見すえて

2016年 8 月30日　第1版第1刷発行
2017年12月30日　第1版第2刷発行

著　者　小《こ》　玉《だま》　重《しげ》　夫《お》

発行者　井　村　寿　人

発行所　株式会社　勁《けい》　草《そう》　書　房

112-0005 東京都文京区水道2-1-1 振替 00150-2-175253
（編集）電話 03-3815-5277／FAX 03-3814-6968
（営業）電話 03-3814-6861／FAX 03-3814-6854
理想社・松岳社

ISBN978-4-326-29911-9　　Printed in Japan